W0298562

ET SI VOUS DEVENIEZ MENTALISTE ?

Pascal de Clermont

Remerciements

À mes confrères aux quatre coins du globe (ma seconde famille), à ceux qui ont échangé avec moi au sujet de leurs expériences (mentalistes, musicales, martiales, spirituelles), à tous ceux qui œuvrent chaque jour pour que notre planète redevienne vivable, à toute l'équipe Hachette Pratique, à Johann Sebastian Bach, à Klaus Schulze et à Vangelis pour leur musique, ainsi qu'à tous mes lecteurs et lectrices.

Remerciements spéciaux

Et plus spécialement à l'univers pour ce qu'il est, à ma famille, à Flo, à mes vrais amis et amies (qui se reconnaîtront), à mes élèves (vous enseigner est une inépuisable source de savoir et d'échanges), à mes collaborateurs Brittany, Josh, Yannick et Georges (pour leur investissement personnel dans la formation), aux formateurs MVVM (qui portent haut le drapeau du mentalisme en France, Belgique, Suisse, au Luxembourg et au Québec) et à tout ceux qui œuvrent à l'organisation de mes formations dans divers pays, à mes patients et clients qui m'accordent leur confiance depuis tant d'années, à Donaldo L. Wilson, à Josh Yeremiyew pour son assistance si efficace, à Marcello Truzzi pour avoir été une intarissable source d'informations et pour son amitié, à Mesmer du MFB pour ses recherches si pertinentes sur le mentalisme des origines, à Antoine Launay pour son interview, à Yves Lessage et Jeanne Roussille de la revue Numérologia *(pour avoir été la première il y a plus de 22 ans à publier mes articles et à parler de mentalisme).*

VOIES POSITIVES

ET SI VOUS DEVENIEZ MENTALISTE ?

Pascal de Clermont

hachette

AVERTISSEMENT

Les pratiques, techniques et méthodes de cet ouvrage sont expliquées et/ou évoquées à titre informatif seulement. Elles ne peuvent en aucun cas se substituer aux prescriptions ni aux diagnostics d'un médecin spécialisé, ni à un traitement d'aucune sorte, ni à des conseils légaux ou financiers. Le lecteur demeure seul responsable des conséquences directes ou indirectes – envers lui-même ou envers des tiers – de l'application et/ou de la compréhension du contenu de cet ouvrage. Chacun est responsable de son discernement, de ses actes, et de la vie qu'il se construit ou s'aliène.

Le jargon du développement personnel ou de la parapsychologie emprunte abusivement des termes comme énergies, vibrations, aura, force, etc., définis par les sciences « dures », la physique, les mathématiques... Il s'agit simplement d'analogies, de parallèles et de métaphores illustrant des concepts et des ressentis subtils difficiles à traduire en mots conventionnels précis et sans parler de manière floue. Utilisés bien souvent afin d'induire dans l'esprit du public une forme de « caution » illusoire, ils doivent être clairement différenciés des sens donnés scientifiquement aux mêmes termes. Conscients de l'importance du respect des champs lexicaux propres à chaque discipline, les mentalistes veillent en général à éviter ces « emprunts ».

Pour approfondir l'axe « réconciliation corps-esprit », le lecteur pourra se reporter à l'ouvrage *Devenez la meilleure version de vous-même*[1] , précieux compagnon de *Et si vous deveniez mentaliste ?*

Les techniques pratiques et les définitions sont extraites de l'ouvrage, épuisé aujourd'hui, *Mental Coaching*[2], et principalement des manuels de la formation certifiante Pascal de Clermont en coaching mental et mentalisme.

Les droits de publication et d'utilisation professionnelle de ces techniques restent strictement réservés par l'auteur. Toute exploitation professionnelle et/ou médiatique (télévision, radio, web, presse écrite, DVD, CD...) nécessite préalablement un accord écrit de l'auteur sous peine de poursuites.

[1] Du même auteur, Éditions du Moment, 2012.
[2] Du même auteur, Master Mind Productions 2010, épuisé aujourd'hui.

Sommaire

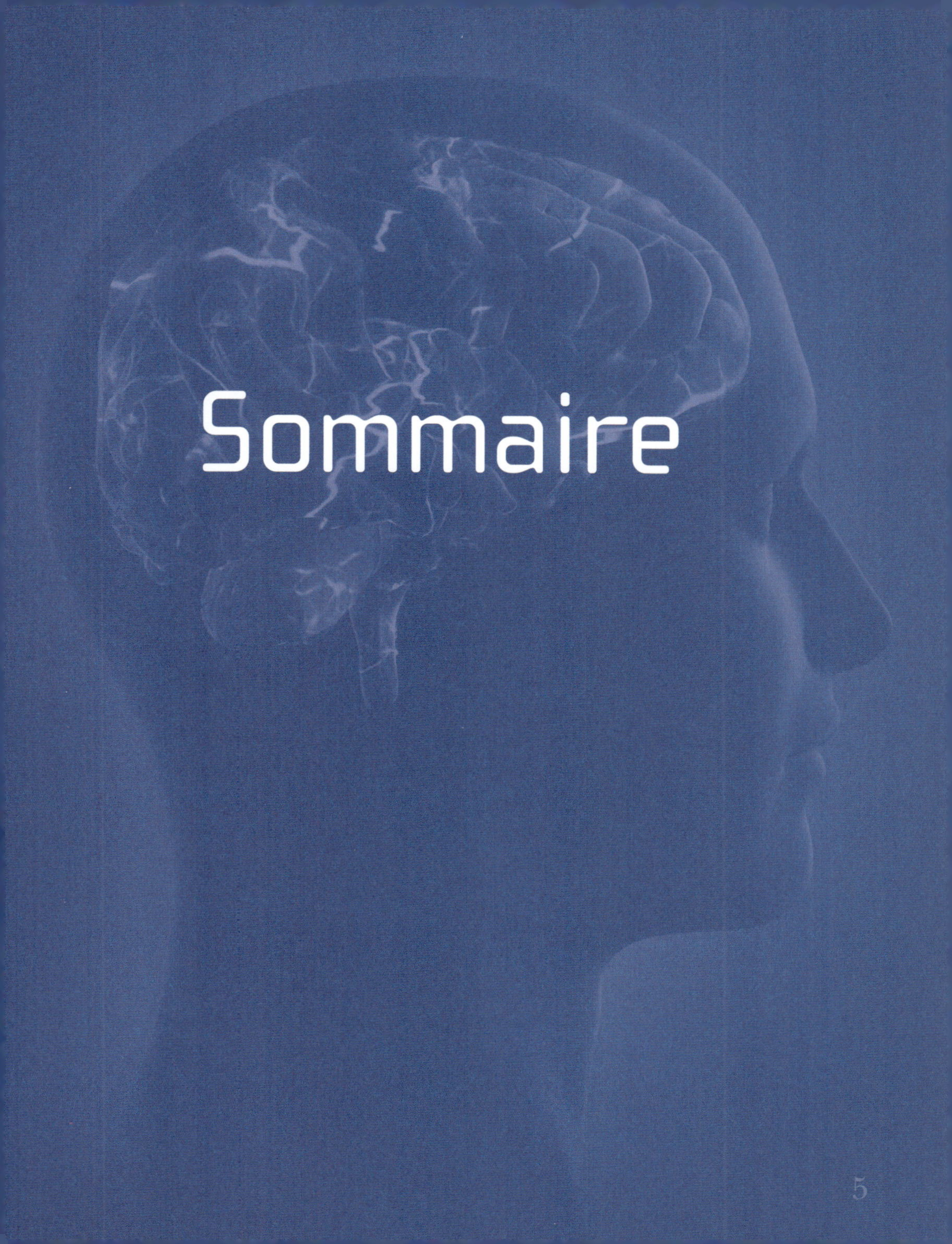

SOMMAIRE

7 INTRODUCTION

11 SECRETS DE MENTALISTE

49 A VOTRE TOUR DE PRATIQUER LE MENTALISME

152 ANNEXES

Et si vous étiez potentiellement mentaliste ?

Vous êtes-vous déjà demandé ce que serait votre vie si vous saviez détecter si votre petit ami, votre femme ou vos proches vous disent la vérité ou vous mentent, et combien d'ennuis vous auriez évités ? Voudriez-vous deviner à l'avance ce que vont dire ou vont faire vos interlocuteurs ? Savoir comment influencer votre communication pour obtenir ce que vous souhaitez – une augmentation de salaire, un nouveau poste, un rendez-vous en tête à tête avec cette personne tout juste rencontrée ? Apprendre à vous protéger et à vous libérer de l'influence si néfaste des pervers narcissiques et autres manipulateurs ? Aimeriez-vous lire les pensées plus ou moins secrètes de vos proches ? Bienvenue dans l'univers secret des mentalistes ! Ce livre est peut-être le départ d'une nouvelle vision de la réalité qui vous entoure !

Si le succès de la série télévisée « Mentalist » a divulgué l'existence de personnes mettant leurs capacités mentales exceptionnelles – hypermémorisation, divination, perceptions extrasensorielles, profiling, communication d'influence, hypnoses flash, actions à distance… – et leurs « pouvoirs » au service de la police, du renseignement, des militaires, des dirigeants politiques, des personnalités publiques et des entreprises d'envergure, seule une toute petite partie du voile a été jusqu'à présent levée sur cette étonnante profession de foi, représentée par une poignée d'individus si discrètement répartis sur la surface du globe. Beaucoup de mystère plane encore autour de ceux qui, jadis déjà, conseillers de l'ombre des rois et des empereurs, occupent aujourd'hui des places de consultants privés dans les plus hautes sphères politiques, économiques et entrepreneuriales.
Qui sont-ils vraiment et quels sont leurs « pouvoirs » ? S'agit-il uniquement d'un don inné ou pouvez-vous vous aussi libérer et développer dès maintenant ces capacités latentes exceptionnelles qui dorment en vous ?

L'ambition de ce nouvel ouvrage est de vous offrir les clefs nécessaires pour comprendre et exploiter dès aujourd'hui vos capacités mentalistes afin d'améliorer et de faciliter votre vie, comme celle de ceux qui vous sont proches. Aussi, après une mise en lumière historique et détaillée, techniques secrètes et exercices pratiques inédits, jusque-là réservés aux élèves de mes formations, vous seront révélés dans le détail.

Tant de légendes, de contrevérités – soigneusement entretenues – circulent qu'il est temps d'apporter quelques informations documentées et rectifications historiques sur ce qui est et demeure depuis plus de vingt-cinq ans maintenant ma seule activité professionnelle. Vocation qui m'a conduit à sillonner la plupart des continents – des palais présidentiels à la brousse africaine la plus profonde, en passant par les casinos de Las Vegas et des laboratoires civils ou militaires – pour diverses missions toutes plus passionnantes les unes que les autres[3]. Ainsi, lorsqu'en décembre 2003, après déjà quinze ans de carrière, paraissait *Mentalisme, ces pouvoirs que nous avons tous*[4], il y avait exactement cent un ans qu'aucun ouvrage en français sur le sujet n'avait été publié depuis la parution, en 1902, de la version française du best-seller *La Loi du mentalisme*, de Victor Segno. Pourtant, depuis maintenant cinq ans, une multitude de livres traitant prétendument du sujet viennent envahir les rayons des librairies. Illusionnistes, hypnothérapeutes, romanciers, joueurs de poker, voyants, vigiles et autres opportunistes s'essaient tous, avec plus ou moins de bonheur, à surfer sur la vague médiatique, profitant de l'engouement légitime du public pour resservir quelques techniques de psychologie cognitive éculées datant des années 1960-1970. Quand il ne s'agit pas de recycler des écrits dépassés en les ornant d'une nouvelle et pompeuse couverture comportant le mot qui fait vendre : « mentalisme » ! Il est à la fois tristement amusant et dommage de constater qu'aucun de ces auteurs n'est mentaliste ! Il est bien difficile pour le public non avisé de faire le tri dans cette masse d'infos-intox !

[3] Pour découvrir de nombreux récits autobiographiques, voir du même auteur *Mentaliste*, Éditions du Moment, 2010.
[4] Éditions Carnot, 2003.

Votre soif d'apprendre et votre indépendance d'esprit font de vous quelqu'un d'autodidacte dans plusieurs disciplines ? Vous savez utiliser ce que vous lisez, entendez, percevez comme des briques pour déterminer vos objectifs et construire chaque jour l'édifice de votre vie ? Vous percevez que communication mentale et capacité d'influence sont les atouts qu'il vous faut perfectionner pour passer une nouvelle étape dans votre vie professionnelle ou personnelle ? Vous sentez que vous n'exprimez pas aujourd'hui vos véritables potentialités, que vous êtes en quelque sorte en sous-régime dans votre vie affective, sociale et professionnelle ? Vous savez qu'il ne faudrait qu'un petit coup de pouce pour contrebalancer les problèmes et les contextes de vie handicapants que vous avez subis et enfin véritablement révéler à vous-même comme aux autres ce que vous valez réellement ? Vous percevez que vous avez des capacités extrasensorielles à développer ? Si votre intuition ne demande qu'à être optimisée et si vous en avez assez que l'on vous mente ou de toujours voir les autres personnes « passer devant vous » et obtenir les meilleurs postes, les meilleurs arrangements et les meilleurs partenaires de vie, alors ce livre est fait pour vous !

Vous avez déjà en vous les graines et la motivation nécessaires pour utiliser le mentalisme et profiter très rapidement des très nombreux bénéfices de vie qu'il va facilement vous apporter. Pour ce faire, nul besoin de coûteux gourou, il vous faudra simplement appliquer les suggestions contenues dans cet ouvrage et laisser se faire en vous la transformation progressive en cette meilleure version de vous-même, qui ne demande qu'à être libérée et révélée aux autres comme à vous-même.

Prêt pour ce grand voyage à la rencontre de la personne la plus importante de votre vie : vous ? Alors, à vos marques. Prêt ? Pensez !

Secrets de mentaliste

Définition du mentalisme

S'il existait un palmarès des professions établies sur la maîtrise et l'exploitation des ressources mentales latentes – sensorielles et extrasensorielles –, il en est une qui remporterait le double prix de la moins accessible et de la plus vaste à explorer dans sa multidimensionnalité : le mentalisme.

Pourtant, vous avez sûrement déjà eu affaire à des mentalistes, bien souvent sans même le savoir !

« Mentalisme » est la traduction littérale du mot anglais *mentalism.* En consultant un dictionnaire, vous y trouverez associées plusieurs définitions en marge de « discipline holistique centrée sur l'optimisation des capacités mentales humaines latentes considérée comme le creuset des mouvements de développement personnel en Occident ». Passant du « trouble intellectuel caractérisé par une fuite des idées et un état anxieux » à une « conception linguistique selon laquelle le contenu est totalement déterminant de la structure de la langue », jusqu'à « une conception selon laquelle la psychologie a pour objet l'étude des divers états de conscience et l'introspection comme outil privilégié » ou « divertissement composé de petites astuces, tromperies et trucages destinés à simuler d'authentiques phénomènes réputés paranormaux ».

Puisqu'il apparaît que le terme a été récupéré, et souvent parasité, par diverses disciplines qui l'ont intégré dans leur jargon, il suffit de retourner quelques siècles en arrière pour y puiser, dès le début du XVIIIe siècle, le sens historique premier et principal : « Mentalisme : techniques destinées à développer les diverses capacités et ressources latentes – cognitives, hypersensorielles et extrasensorielles – du mental humain. »

Creuset historique des mouvements de développement personnel en Occident, le mentalisme est donc la discipline étudiant le mental humain – de façon holistique – au travers de ses fonctions conscientes et inconscientes, en prenant en compte ses perceptions sensorielles et extrasensorielles ainsi que leur contexte. La finalité principale des techniques mentalistes est d'exploiter les capacités mentales latentes et les ressources ancestrales présentes en chaque être humain pour améliorer sa vie – et celle des autres – et lui donner une maîtrise sur son propre devenir et son évolution personnelle. C'est de plus une conception de la réalité considérant que l'homme peut, par sa simple pensée – avant même les conséquences en actes ou l'expression de sa pensée –, influer et agir factuellement sur son propre environnement, direct et indirect, ainsi que sur celui des autres. Sera donc nommé « mentaliste » celui qui fait profession d'utiliser et d'enseigner les techniques du mentalisme.

Mentalistes, illusionnistes et voyants… les précautions à prendre !

Le mentaliste doit surtout être différencié d'un psycho-illusionniste ou d'un magicien. Il s'agit de disciplines totalement différentes.

Les premiers, mentalistes authentiques, optimisent le potentiel de leur mental en consacrant une grande partie de leur vie à développer leurs capacités latentes – cognitives, hypersensorielles, extrasensorielles… – et à accompagner d'autres personnes dans ce développement. Les plus célèbres sont, pour la plupart dès leur plus jeune âge, repérés comme des sujets dits « Psi », c'est-à-dire faisant montre de capacités extra- et hypersensorielles naturellement exacerbées.

Les seconds – magiciens, prestidigitateurs, psycho-illusionnistes – se servent de trucages, de tromperies et petites astuces pour donner au public, le temps d'un spectacle, l'illusion d'être de véritables mentalistes. Certains, rares, sont de véritables artistes qui savent offrir à leurs spectateurs un agréable et salutaire moment de divertissement, de rêve et d'humour. En revanche, il faut particulièrement se méfier des programmes de télévision montrant des individus qui mettent en scène de prétendues expériences de mentalisme en utilisant compérages et montages de séquences vidéo bidonnées.

Vous viendrait-il à l'idée de demander à Hugh Laurie, le fameux Dr House de la série télévisée, de vous opérer à cœur ouvert sous prétexte qu'il l'a fait lors d'un épisode ? Ne pas différencier un mentaliste d'un psycho-illusionniste ou d'un magicien serait aussi absurde.

Si le terme est parasité depuis environ soixante-quinze ans par les psycho-illusionnistes, on constate depuis trois ans le même comportement chez une petite minorité de pseudo-voyants et pseudo-médiums opportunistes qui n'hésitent pas à arborer fièrement sur leur carte de visite le terme « mentaliste », entre ceux de taromancien[5] de l'âme, réparateur agréé d'ADN, soins quantiques par des êtres venus de la Lumière et autres délires-arnaques. En cas de doutes sur l'honnêteté d'un voyant, d'un médium ou d'un mage, contactez immédiatement la DGCCRF[6] de votre région pour en savoir plus sur d'éventuelles plaintes récurrentes à son encontre. Un « voyant » n'est pas un mentaliste, même s'il fait partie des rares consultants à posséder de véritables capacités extrasensorielles, alliées à une solide compréhension de la psychologie – nécessaire pour apporter de manière écologique un soutien constructif au client. Dans ce cas – relativement rare –, la consultation de voyance, proposée avec bienveillance et compétence, reprend sa valeur et son rôle social.

[5] Une mancie est un art divinatoire, donc la divination par les tarots est la taromancie.
[6] Direction générale de la concurrence, de la consommation et de la répression des fraudes.

Enfin, le Net pullule aujourd'hui d'offres proposant à grand renfort de « *hard selling*[7] » les secrets pour faire instantanément de vous un mentaliste professionnel. Que ce soit sous forme d'ebooks, de vidéos, de Web TV ou par correspondance, inutile de dire qu'il s'agit là encore de pitoyables arnaques.

Avec cet ouvrage, je souhaite vous donner toutes les informations nécessaires, les références historiques et les conseils judicieux pour vous permettre de trier le bon grain de l'ivraie.

Je ne prétends pas détenir la vérité absolue. Ces lignes sont simplement l'avis d'une personne qui fait internationalement profession dans ce domaine depuis vingt-cinq ans et qui a formé des dizaines de consultants.

Les différents axes du mentalisme

Creuset du développement personnel en Occident, le mentalisme optimise donc vos capacités mentales selon quatre axes principaux :

• *La réconciliation*[8] *de votre corps et de votre esprit* : elle passe par la maîtrise des processus de méditation, respiration, gestion du sommeil, alimentation, travail des flux et énergies internes, sexualité, activités physiques, contexte social personnel, mode de pensée.

• *Le développement de vos capacités cognitives* : la logique, le raisonnement, l'hypermémorisation, les différents types d'hypnose, la linguistique, les différentes formes de psychologie cognitive, la séduction comportementale, la communication et la neurocommunication…

[7] Ce terme de marketing désigne des techniques de vente agressives. Elles utilisent divers moyens de pression psychologique associés à de fortes promesses souvent mensongères pour induire une impulsion d'achat de préférence immédiate.
[8] Ces techniques permettant d'optimiser le « terrain » ont été explorées en profondeur et décrites avec précision dans l'ouvrage *Devenez la meilleure version de vous-même, op. cit.*

• *Le développement de vos capacités hypersensorielles* : il consiste à démultiplier la qualité et la quantité d'informations – acuité – perçues consciemment par vos cinq sens communément acquis que sont la vue, l'ouïe, le toucher, le goût et l'odorat. Utiliser ses sens en mode « hyper » et percevoir ce que les autres ne perçoivent pas pour comprendre ce qu'ils ne comprennent pas encore. Patrick Jane, héros de la série « Mentalist », est un parfait exemple de cette approche.

• *Le développement de vos capacités extrasensorielles* : communément classées dans le registre des subnormalités – prémonition, perception du passé caché, vision à distance, influence, métacommunication mentale –, ces capacités humaines, qui tiennent plus du processus que du don et font partie des PES (perceptions extrasensorielles, p.112-113), sont aussi qualifiées de « Psi Gamma » ou « Psi subjectif » car leurs effets ne se manifestent pas sur la matière mais sur des formes de cognition. On peut les considérer comme un phénomène global de perception délocalisée dans le continuum espace-temps.

L'histoire secrète du mentalisme

Si de très nombreux médias surfent aujourd'hui sur le terme « mentalisme », le sens donné à ce mot varie beaucoup. Il peut désigner à juste titre une personne douée de capacités extrasensorielles développant ses capacités latentes ; parfois, à l'opposé, il peut être utilisé improprement pour désigner une personne qui, à l'aide de trucages, de tromperies et de petites astuces, simule superficiellement ces capacités dans le cadre temporaire d'un divertissement...

Lorsqu'une telle confusion sur le sens d'un mot est entretenue afin de tromper le public – à des fins publicitaires, commerciales ou du fait d'un obscur scientisme – pour l'attirer dans un spectacle, ou le détourner d'une véritable démarche de développement personnel, le mentalisme de vie, il est sage de se replonger dans l'histoire pour retrouver les racines et les références premières. Et rendre ainsi au terme « mentalisme » son sens étymologique exact...

Il est difficile d'être bref en restant précis dans les sources, surtout pour un terme qui s'enrichit d'un nouveau sens tous les cinquante ans ! Toutefois, ce chapitre va tenter de vous donner toutes les informations indispensables pour mieux comprendre qui sont les mentalistes... Plus aucune propagande scientiste ou commerciale ne pourra vous tromper !

Les recherches se sont particulièrement concentrées sur le terme lui-même, et non sur les concepts pouvant s'approcher ou s'identifier à du mentalisme.

Les dates clefs

Le mot « mentalisme » est issu du latin *mens, mentis* qui signifie « faculté intellectuelle, intelligence, raison, esprit, pensée, réflexion, entendement ». On retrouve cette racine latine dans le mot « mental » (*mentalis*) qui fut en usage seulement à la fin du XIVe siècle. Au siècle suivant, le mot « mentalité » fait son apparition. Il est donc certain que les néologismes « mentalisme » ou « mentaliste » ne sont pas antérieurs au XIVe siècle.

Même si certains auteurs en ont détecté l'existence dans son principe dès l'Antiquité, en 400 av. J.-C.[9], le terme « mentalisme » n'a pris son véritable essor que depuis environ la seconde moitié du XIXe siècle. Puis principalement à l'initiative du mouvement appelé Nouvelle Pensée (*New Thought*, voir encadré p. 19), soit environ cent ans après sa création.

[9] À ce propos, consulter les ouvrages sur l'hermétisme.

Il est cependant difficile de dire avec exactitude quand il a fait son apparition pour la première fois, les auteurs qui l'utilisent mentionnant rarement leurs sources.

1740

Les linguistes situent la première occurrence traçable du mot « mentaliste ».

1790

L'emploi de ce mot se développe, et l'historienne anglaise Catharine Sawbridge Macaulay Graham (1731-1791), plus connue sous le nom de Catharine Macaulay, l'utilise dans ses *Lettres sur l'éducation*[10].

Elle le définit comme l'opposé du terme « matérialiste ». Un « mentaliste » étant, selon elle, une personne plus orientée vers le mental que vers les satisfactions et plaisirs matériels.

Il semble qu'à cette époque, le mot « mentaliste » possède trois acceptions :

• celui dont l'inclination se porte vers la sphère mentale plutôt que vers celle des plaisirs matériels ;

• celui dont le but artistique est l'expression de la pensée ;

• celui qui défend la doctrine du mentalisme (l'univers n'est qu'une représentation subjective et mentale). Se profile ici le sens principal du terme orienté vers le développement des capacités mentales de l'être humain.

[10] *Letter on Education with Observations on Religious and Metaphysical Subjects*, London, C. Dilly, 1790, Letter VIII, p. 75-76.

1874

Emmené par le mouvement Nouvelle Pensée, Henry Maudsley étend le terme « mentalisme » au sens de développement personnel métaphysique.

LE MOUVEMENT NOUVELLE PENSÉE

Ce courant de pensée voit dans le mental humain la source de phénomènes comme la télépathie, l'hypnotisme, le magnétisme curatif, les perceptions extrasensorielles, et vient à contre-courant du « spiritualisme », très en vogue au début du XXe siècle. Les articles dans la revue *Mind* (Henry Sidgwick, 1901) et le livre de Victor Segno, *La Loi du mentalisme* (1902) en sont représentatifs.

La Nouvelle Pensée et ses divers courants sont aussi représentés par Prentice Mulford[11], William Walker Atkinson[12], Victor Turnbull[13], Ralph Waldo Emerson ou encore Victor Mauroy.

1878

Edwin D. Babbitt (1828-1905) présente le « **chromo-mentalisme** » dans son livre *Les Principes de la lumière et de la couleur*[14]. Il veut établir des correspondances intrinsèques entre la matière au niveau atomique et l'éther au niveau subtil. L'une de ses thèses est l'existence d'une forme de « psycho-électricité ». Il est l'un des premiers auteurs à relier la pratique du mentalisme et l'acquisition de pouvoirs psychiques.

1898

Le triptyque monumental du Français Victor Mauroy, *Le Pur Esprit ou le Mentalisme absolu et relatif*[15], paraît. Cet ouvrage sera très largement utilisé, simplifié et vulgarisé par Victor Segno, trois ans plus tard.

[11] *Vos forces*, édition française en 1895.
[12] *La Force-Pensée*, édition française en 1904.
[13] *Magnétisme personnel*, éditicn française en 1904.
[14] *The Principles of Light and Color*, New York, Babbitt & Co., 1878. [15] Bibliothèque artistique et littéraire.

1902

Dès la fin du XIXe siècle, Victor Segno prépare la création de l'American Institute of Mentalism, qui prendra sa pleine dimension au tout début du XXe, avec la parution de son livre *La Loi du mentalisme*. Il définit le « mentalisme », courant de développement personnel, comme « l'action des trois plus grandes facultés de l'organisation mentale : la première est la pensée, la deuxième l'énergie éthérique, la troisième la volonté[16] ».

Victor Segno et Henry Sidgwik utilisent régulièrement le terme « mentalisme » pour décrire « l'exploitation des capacités métaphysiques latentes de l'homme ». L'immense succès du livre de Victor Segno participe largement à la démocratisation du terme dans le monde. Jusqu'à cette date, le mot « mentalisme » reste utilisé dans son sens premier, pour décrire une étude sincère et une véritable recherche dans le développement des capacités de l'être humain.

Comme le résume Paul-Clément Jagot, écrivain et occultiste français : « La pensée n'est pas seulement intérieure mais s'irradie au travers de l'espace en y déterminant des répercussions conformes à sa teneur[17].» Quant à Prentice Mulford, il écrit : « La pensée peut prendre des formes différentes et se manifester. Seuls les êtres doués de capacités psychiques peuvent les percevoir consciemment bien qu'elle influe invisiblement sur les décisions, les tenants et les aboutissants des fonctionnements de ce monde. Le psychisme de l'être étant simultanément émissif et réceptif, il est en contact permanent avec une multitude de personnes. Les pensées sont des choses chargées de puissance[18]. »

1903

En France, Victor Segno fait la promotion du Club du succès par le mentalisme[19].

[16] Édition française de l'Institut américain du mentalisme en 1904, p.16.
[17] *L'Influence à distance*, Éditions Dangles, 1946.
[18] *Thoughts are Things*, 1889.
[19] Les tracts en français et en anglais, promotionnent un club unissant l'ensemble des participants dans un « cercle de pensées positives » dont tous les membres bénéficient quotidiennement en se concentrant à heure fixe.

Les « mentalistes » sont, selon la définition première (celle qui fait référence), « ceux qui utilisent leurs capacités mentales de manière avancée en pratiquant le mentalisme ».

Le terme est déjà employé dans le cadre de consultations privées de « mentalisme ». Il s'agit alors d'un mélange de médiumnité, de *channeling spirite* (p. 143), de coaching, de conseils et de guérisons.

1905
L'Américaine Mary Stanley, médium magnétiseuse, fait paraître la première petite annonce proposant des consultations privées de « mentalisme » dans un journal, à la rubrique « Occult[20] ».

La même année, Norman Baker crée, aux États-Unis, dans un spectacle théâtral de divertissement, le personnage de Pearl Tangley, la « mentaliste égyptienne », incarnée par sa propre femme.

1906
Le terme « mentalisme » fait son apparition dans le cadre du divertissement plus de trente ans après sa définition comme courant de développement personnel par la Nouvelle Pensée.
Il faut toutefois noter que, dès la fin du XIXe siècle, les spectacles de « médiums de scène » étaient monnaie courante dans les théâtres. Il s'agissait alors d'un mélange de voyance publique (par le biais de questions enfermées dans des enveloppes opaques), de spiritualisme et d'hypnose.

Le terme « mentaliste » apparaît pour la première fois dans la revue privée *Sphinx* (consacrée à l'inexpliqué), le 15 mars 1906, pour décrire « William Broderson de San Francisco, mentaliste » (consultations privées).

[20] *Oakland Tribune* (CA), 13 février 1905, Mary Stanley « Medium and Magnetic Healer ».

1909

Il semble que la confusion entre les mots « mentalisme » et « mentaliste » ait déjà été entretenue dans un but commercial par les prestidigitateurs de l'époque. Les journaux parlent de « mentalistes », mélangeant médiums, hypnotiseurs et prestidigitateurs dans des spectacles de théâtre.

> **RÉSUMÉ CHRONOLOGIQUE**
>
> Le terme « mentalisme » (1790), popularisé par Victor Mauroy (1898) et Victor Segno (1902), a amené les consultants (spirites, médiums, thérapeutes...) à proposer des consultations privées de « mentalisme » (1903). Puis, tous ceux qui, sur scène, se livraient à d'apparentes (vraies ou fausses) prouesses mentales ont été ensuite appelés « mentalistes » à partir de 1909 par la presse.
>
> La confusion a été savamment entretenue par les prestidigitateurs à la fois pour des raisons commerciales, publicitaires, et sous prétexte de lutter contre la propagation de pseudo-médiums spirites (ce qui n'a servi strictement à rien). Attention, à cette époque, dans le cadre de divertissements, les journaux et affiches ne parlaient pas encore de « mentalisme », mais seulement de « mentalistes ».
>
> En 1909, deux notions se mêlent : le « mentalisme », courant de développement personnel (dont Victor Segno est un excellent exemple) et les « mentalistes », terme qui regroupe des consultants (pratiquant le « mentalisme » de développement personnel), mais aussi toutes les personnes se livrant à d'apparentes prouesses mentales sur scène : hypnotiseurs, calculateurs prodiges, personnes à la mémoire prodige, médiums, clairvoyants... Et encore ceux qui les imitaient à l'aide de trucages, compères et astuces diverses (duos de pseudo-télépathes, prestidigitateurs...).

1932

Julien J. Proskauer, membre respecté des plus fameux cercles d'illusionnistes internationaux et haut responsable de l'American Society for Psychical Research, différencie très clairement, dans son livre *Spook Crooks!* [21], les « mentalistes » authentiques des « pseudo-mentalistes », associant ces derniers à des

[21] Éditions A. L. Burt, 1932.

escrocs qui abusent déjà de la naïveté du public pour se faire passer pour de vrais mentalistes à l'aide de trucages grossiers et de compérages.

1935

On voit apparaître des cartes de visite de prestidigitateurs avec le terme « mentaliste ». Ainsi, dans *The Jinx*, revue spécialisée dans les pseudo-démonstrations paranormales, on peut lire : « *John B. Ward, magician and mentalist*[22] »ou « *Magician and Supermentalist: Pr Charles Peet*[23] » . À cette époque, la distinction est clairement faite entre les termes « magicien » et « mentaliste ». Toujours dans la même revue, le mot « mentalisme » est utilisé pour décrire un tour de magie mentale, « *Mentalism with money* », par Theo Anneman[24].

Le terme « mentalisme » sert pour la première fois à désigner « ce que pratique le pseudo-mentaliste (de spectacle) », autrement dit un tour de magie. Ce double sens est, au reste, plutôt un contresens !

Il ne s'agit à cette époque que d'un terme appartenant au jargon des prestidigitateurs et il n'a pas encore atteint le grand public. Le terme plus approprié était « pseudo-mentalisme », puisqu'il décrivait des techniques destinées aux prestidigitateurs afin de simuler les phénomènes et expériences de « mentalisme » (exploitation des capacités humaines).

1943

Joseph Dunninger, « conférencier, autorité en phénomènes spirites et phénomènes parapsychiques » comme il se présente lui-même, dénonce dans son livre *Inside the Medium's Cabinet*[25] les méthodes et trucs des pseudo-médiums et pseudo-spirites. Lors de ses très célèbres émissions radiophoniques, il véhicule auprès d'un public très large l'usage des termes « mentaliste » et « mentalisme » aux États-Unis (pour désigner un mélange de mentalisme et de tours de magie).

[22] Décembre 1935.
[23] Avril 1936.
[24] Décembre 1936.
[25] Éditions David Kemp, 1935 ; réédition Kessinger Publishing, 2004.

À partir de cette date, dans la communauté des prestidigitateurs, les mots « mentalisme » et « mentaliste » seront communément employés à la place de « pseudo-mentalisme » et « pseudo-mentaliste ».

1944

Le terme se généralise aux États-Unis auprès de tous les prestidigitateurs à partir de la série d'articles de Bob Nelson, dans la revue *The Linking Ring*. Le mot « mentalisme » prend son deuxième sens (et premier contresens), celui d'un « divertissement de magie mentale », pratiqué par des prestidigitateurs appelés à tort « mentalistes ».

Simultanément le mouvement de la Nouvelle Pensée continue d'être très actif et multiplie les parutions. La confusion se poursuit, les mêmes mots désignent toujours deux concepts totalement opposés.

1955

En France, la traduction du livre de George Kaplan *The Fine Art of Magic*[26] introduit le terme « mentalisme » de divertissement page 143 : « Autres tours de mentalisme. » Il est à noter que d'autres livres de l'époque traduits de l'américain, comme *La Prestidigitation du XXe siècle* de John Hilliard[27] ou le *Précis de prestidigitation de Bruce Elliott*[28], n'emploient pas le terme « mentalisme », mais plutôt « télépathie truquée, magie mentale, lecture de pensée truquée »... On notera aussi l'emploi du terme « truqué » pour différencier un phénomène de son imitation simulée.

1990

Le terme « mentaliste » fait son apparition dans divers jeux de rôles, sous la forme d'un personnage mythique aux pouvoirs paranormaux presque illimités.

26 Fleming Book, 1948, édition française *Les Merveilles de la prestidigitation*, Éditions Payot, 1955.
27 Éditions Payot, 1960.
28 Éditions Payot, 1952.

2003

Le livre-enquête *Mentalisme, ces pouvoirs que nous avons tous*, de Pascal de Clermont[29], est le premier, depuis *La Loi du mentalisme* de Victor Segno, à utiliser les termes « mentalisme » et « mentaliste » dans leur sens originel.

2005

Divers livres et encyclopédies en ligne affirment à tort que le premier « mentaliste » aurait pratiqué son art durant la Renaissance, vers 1550, sous de multiples noms dont Girolamo Scotto (décédé en 1572) ou Hieronymus Scotto di Parma (Italie).

Spécialiste de la triche aux cartes, Girolamo Scotto est l'auteur d'un court ouvrage, de huit pages *Segreti di natura meravigliosi (« Secrets de nature merveilleuse »)* dans lequel il décrit dix tours, centrés sur des mouvements rudimentaires pour gagner aux jeux de cartes. Il présente, entre autres, un effet où le magicien semble deviner la carte pensée par un spectateur. On lui attribue aussi quelques expériences de télépathie simulée et de divination utilisant le nom de personnes vivantes ou décédées (expérience connue sous le nom de « *living and dead test* »).

Toutefois, simuler des capacités extrasensorielles ne fait pas de lui un « mentaliste », ce mot n'existant pas à cette époque !

2010

Apparition en France de la première et seule formation certifiante de mentalisme et *coaching mental* au monde.

[29] Éditions Carnot, 2003.

Conclusion

Il est à noter que divers autres emplois des mots « mentaliste » et « mentalisme » appartiennent au langage psychologique, psychiatrique ou linguistique. Ils sont sans rapport avec le « mentalisme » dans son sens premier. Ainsi, sur le plan psychologique, dans le travail de Jerry Fodor et Noam Chomsky (voir les concepts béhavioristes)[30]. Et, sur le plan psychiatrique, dans les différentes méthodes éducatives mentalistes, comportementalistes, béhavioristes et constructionnistes.

TROIS CENTS ANS D'HISTOIRE EN QUELQUES LIGNES

Le terme « mentalisme » est défini oralement au début du XVIIIe siècle, et traçable dès 1790, puis réellement popularisé dès 1874 par le mouvement de la Nouvelle Pensée comme un travail sincère et véritable développement personnel des capacités sensorielles, cognitives et extrasensorielles. Ce premier sens historique est popularisé dans le monde dès la fin du XIXe siècle grâce à plusieurs livres, dont le best-seller La Loi du mentalisme *de Victor Segno. Dès 1903, des « mentalistes » offrent des consultations privées de « mentalisme » (mélange de voyance, de coaching, de thérapie, de spiritualisme...). Ils donnent aussi des représentations publiques dans des salons et des théâtres et voient les prestidigitateurs imiter leurs prestations à l'aide de trucages.*

La question n'est pas de savoir si les premiers utilisaient ou pas, parfois, des trucages sans le dire. Ce qui importe est que le public venait, dans le cadre d'un divertissement, d'un côté voir des artistes (« mentalistes ») dont il considérait les prestations comme vraies et, de l'autre, des artistes (pseudo-mentalistes, prestidigitateurs et psycho-illusionnistes) dont ils savaient la prestation certes artistique, mais fausse, simulée et truquée.

[30] Dans les années 1960, les études de Chomsky viennent s'opposer à la suprématie de l'approche psychologique anglo-saxonne dite béhavioriste, qui considère que le comportement observable trouve son explication unique dans les stimuli produits par des facteurs extérieurs à l'agent observé (un être humain ou un animal). Chomsky, au contraire soutient que l'observation du « mental » de l'agent et de sa structure interne de « pensée » est la seule à pouvoir expliquer et anticiper comment les stimuli extérieurs induisent les comportements de l'agent. Ces travaux poseront les bases du cognitivisme.

Les prestidigitateurs commencent à utiliser le terme « mentalisme » à la place de « pseudo-mentalisme » pour désigner un divertissement constitué d'expériences extrasensorielles simulées et truquées à partir de 1935. Mais l'usage dévié du terme « mentalisme » dans ce sens demeure pour l'instant limité à leur jargon professionnel.

En revanche, l'immense succès des émissions radiophoniques de Dunninger amène, dès 1944, le public à associer au terme « mentalisme » le contresens émanant du jargon des prestidigitateurs. Le mot « mentalisme » signifie alors à la fois l'étude sincère et approfondie des capacités Psi et extrasensorielles (voir p. 112-113) de l'homme et son imitation à l'aide de divers trucages et illusions. La confusion est née dans l'esprit du public.

Enfin, le mot « mentalisme » est utilisé, pour l'instant de manière illimitée, dans le jargon de jeux de rôles, de films, de productions pour la télévision... Il est compréhensible que le public soit un peu perdu face à cette avalanche de définitions contraires. Certes, au cours du temps, le sens de certains mots évolue, s'adapte et se transforme. Mais dans le cas des termes « mentalisme » et « mentaliste », le problème est que les mêmes mots désignent un concept (pratique sincère et recherche du développement de capacités latentes) et son contraire (imitation truquée de cette pratique dans le cadre d'un divertissement qui devrait être appelé « pseudo-mentalisme »). Si on désire être compris, communiquer efficacement et sereinement avec autrui, il importe que les mots employés aient globalement le même sens pour les deux interlocuteurs...
« L'erreur ne devient pas vérité parce qu'elle se propage et se multiplie ; la vérité ne devient pas erreur parce que nul ne la voit.[31] »

[31] Gandhi, *La Jeune Inde*, 1919-1922.

DE L'UTILISATION DU TERME « DÉVELOPPEMENT PERSONNEL »

J'ai eu un peu de mal à choisir les mots pour définir les concepts de Victor Segno et de l'école de la *New Thought*. En ce qui me concerne, j'ai opté pour « développement personnel » pour les raisons suivantes.

Dans son livre, Victor Segno donne pour « mentalisme » ces définitions :

- « Le mentalisme est [...] la source de toute intelligence, ainsi que de tout accomplissement et avancement physique, social, mental, spirituel, scientifique, artistique et mécanique. Il est la base de toute connaissance, la cause de tout bonheur comme de tout malheur, de la santé ou de la maladie, du succès ou de l'insuccès [...]. [L'homme] a de temps en temps découvert quelques-uns de ses mystères et, croyant être en possession de la vérité entière, il a formé ou organisé une de ces sciences [...] connues sous le nom de mesmérisme, hypnotisme, magnétisme personnel, cure magnétique, science mentale, science chrétienne, clairvoyance, clairaudience, télépathie, médiumnité, etc.[32]. »
- « Le mentalisme est l'action harmonieuse des trois facultés les plus puissantes de l'organisation mentale. La première est la pensée, la deuxième est l'énergie éthérique, et la troisième la volonté[33]. »

Champ d'action des mentalistes[34]

Le champ d'action des mentalistes est très large : conférences-démonstrations, formation, recrutement, optimalisation des potentiels humains, négociations, expertises de phénomènes considérés comme subnormaux (ou paranormaux), communication et influences, expérimentations scientifiques – pour concevoir des protocoles ou sujets d'étude – auxiliaire d'enquêtes, déconditionnement d'ex-adeptes de sectes, consultations privées, recherche de gisements (pétrole,

[32] Version française, Éditions Dangles, p. 33-34.
[33] Version française, Éditions Dangles, p. 36. La définition originale en anglais (1902, Éditions American Institute of Mentalism, chapitre 1, page 19) est consultable gratuitement (et dans le domaine public) en version digitalisée pour la Bibliothèque nationale canadienne à l'adresse suivante : http://www.archive.org/details/lawofmentalismpr00segnuoft.
[34] Extrait du manuel des formations certifiantes.

métaux précieux)... Un éventail d'applications énorme, dans les domaines public, privé et militaire, face au nombre très restreint de ces professionnels.

Formateurs et consultants

Consultant à 70 % des entreprises et à 30 % des personnes privées (sportifs, artistes, diplomates, chefs d'entreprise, politiques, étudiants, joueurs de poker, négociateurs, enquêteurs, thérapeutes...), ils interviennent aussi depuis deux décennies de plus en plus au sein de séminaires de développement personnel, de coaching mental, d'hypnose, de techniques de vente, d'influence et de négociation. Depuis 2009, la première formation certifiante officielle de mentalisme[35] et de coaching mental a été ouverte en France, puis en Suisse, en Belgique, au Québec et au Luxembourg... En collaboration avec des collègues mentalistes, ce programme fait maintenant référence et s'étend progressivement, sous l'égide officielle de la formation française, aux pays anglo-saxons et au reste de l'Europe.

Dans le cadre de consultations privées, l'utilisation des techniques de mentalisme est souvent nommée coaching mental pour désigner un travail personnel de développement au niveau des plans du mental inférieur – peurs, phobies, angoisses, TOC, stress – et du mental supérieur – développement des métacapacités hyper et extrasensorielles – et d'accompagnement d'une personne afin qu'elle retrouve et libère la meilleure version d'elle-même dans le respect de sa spécificité.

Espionnage et mentalisme...

Particulièrement actifs durant la guerre froide, les mentalistes sont loin d'être au chômage depuis la chute du bloc soviétique en 1991 puisqu'ils sont très sollicités depuis quelques années pour des missions entrepreneuriales d'« intelligence intuitive ». Pratiques dérivées des techniques mises au point dès 1960

[35] Formation certifiante Pascal de Clermont en *coaching mental*, mentalisme et hypnomentalisme.

par la CIA[36] et les laboratoires russes de parapsychologie-psychotronique[37], les entreprises commanditent les mentalistes pour se projeter à distance dans la tête et les locaux de sociétés concurrentes afin d'obtenir des informations confidentielles ou influencer des décisions. Ces pratiques ne pouvant être contrôlées sur un plan légal posent d'importantes questions, à la fois pratiques et éthiques. Le Cercle international de mentalistes a donc consacré le congrès 2012 au recensement des techniques employées pour ce type de missions et à la mise en place d'une charte d'éthique stricte, respectée par la plupart des professionnels.
Les mentalistes interviennent également dans des cas de disparitions non résolus. On les appelle alors des *psychic detectives*. Il s'agit de détectives médiums qui enquêtent officiellement à l'aide de leurs capacités extrasensorielles et hypersensorielles[38].

Un cercle très fermé

Les 90 principaux mentalistes professionnels en activité répartis dans le monde – il doit y en avoir approximativement 250 – forment deux cercles très fermés se réunissant officiellement et très discrètement au moins une fois par an quelque part dans le monde. Au sein de ces groupements existe un noyau d'une petite cinquantaine de personnes particulièrement compétentes dans leurs domaines respectifs, reconnues comme la référence en la matière et nommées honorifiquement par leurs confrères « maîtres mentalistes ».

Tout au long de l'histoire, ils ont accompagné dans l'ombre chefs d'État et dirigeants politiques. Dès la fin de la guerre froide, ils furent sollicités par les plus

[36] En l'occurrence au célèbre SRI (Stanford Research Institute) qui a pendant plus de trente ans, dans le cadre du projet « Stargate », formé officiellement des espions Psi capables de se projeter mentalement sur des cibles lointaines.
[37] Dont le premier laboratoire de parapsychologie expérimentale russe de Léoni Leonidovitch Vassiliev établi dans les années 1960 afin de contrecarrer les progrès américains dans le domaine, ce laboratoire était spécialisé dans l'entraînement de guerriers « mental », les « psionic », capables d'agir à distance sur la matière vivante et sur la santé de leurs cibles.
[38] Voir « Mentalistes et *psychic detective*, p. 44.

importantes entreprises. Aujourd'hui, ils gèrent pour d'importantes sociétés des programmes de recrutement et d'optimalisation – du personnel, des cadres et des dirigeants –, de formation – d'hypnomentalisme orienté par exemple vers l'influence, la communication sensorielle ou extrasensorielle, le coaching mental et l'optimalisation physique ou mentale, le travail du subliminal.

La science et les mentalistes

De nombreux organismes militaires, des laboratoires et des universités – surtout américains, israéliens, russes et japonais – font appel aux mentalistes afin d'étudier et de modéliser les capacités mentales hors du commun de certains individus. Si les résultats de ces études ont jusqu'à présent été principalement utilisés à des fins militaires ou commerciales, depuis quelques années s'amorce une prise de conscience de la nécessité d'ouvrir ces connaissances au public. D'autant que les progrès technologiques croissants en *neuro-imaging* donnent aujourd'hui à la médecine et aux scientifiques les moyens d'étudier « de l'intérieur » les processus cérébraux de sujets en méditation, de chamans, de mentalistes, de guérisseurs, de patients en état de mort clinique…

Enfin, les communautés scientifiques recourent régulièrement à des mentalistes afin d'établir des protocoles expérimentaux sécurisés, et de surveiller le déroulement d'expériences cliniques et scientifiques sérieuses sur les perceptions extrasensorielles.

Lutte contre les sectes

Face au développement des sectes, escroqueries, doctrines farfelues et pseudomages, certains laboratoires, tribunaux, associations ou particuliers peuvent faire appel à un mentaliste pour expertiser des phénomènes ou des pratiques.

Il démasquera par exemple un soi-disant « voyant » peu scrupuleux trichant au cours de ses consultations afin d'épater dès le départ un client et lui soutirer des sommes rondelettes ; un prétendu « mage » ou « marabout » usant de subterfuges divers au cours de ses séances ; ou bien un gourou utilisant des techniques de manipulation mentale.

Les mentalistes établissent alors, dans le cadre de plaintes ou d'enquêtes, des rapports précis sur la réalité de l'expérience étudiée. Ils sont aujourd'hui pratiquement les seuls à maîtriser un éventail de connaissances – pratiques, techniques, historiques, ésotériques, illusionnistes et scientifiques – suffisant pour véritablement expertiser ces phénomènes.

L'expertise d'une consultation ou d'un acte présenté comme théurgique ou goétique est un travail ingrat, relativement frustrant. Le mentaliste peut en effet avoir l'assurance qu'une personne triche, mais s'il pense la personne sincère, il ne peut jamais être certain de la réalité de ce qu'il observe, l'éventuel trucage ayant pu lui échapper. Le seul rôle du mentaliste consiste alors à affirmer s'il a repéré un subterfuge ou non. De plus, il y a tricherie et tricherie ! Certains « trucs » sont évidents et totalement condamnables. Comme en Italie où, il y a une douzaine d'années, des séances de « channeling » (p. 143) étaient honteusement truquées. Les manifestations dites « spirites » étaient le fruit d'une machinerie complexe déclenchée électroniquement. L'ordre du Temple solaire est un autre exemple de l'utilisation de ce type de subterfuges.

En revanche, certaines consultations sont nettement plus difficiles à évaluer. Où s'arrête la psychologie et où commence la perception extrasensorielle ? Dans quelles proportions peut-on considérer comme acceptable la quantité de psychologie employée pour rassurer le consulté, et parfois aussi le consultant lui-même ? De toute façon, lorsque la tricherie matérielle est démontrée ou le pot aux roses découvert, les choses se règlent en général à l'amiable – à la condition que le commanditaire de l'expertise soit un particulier – entre les parties. Aujourd'hui, ce sont les diverses sectes qui remportent le trophée des arnaques. Les interventions du mentaliste portent en général sur des groupements prétendument initiatiques qui usent ou abusent de trucages divers et grossiers. Produire des manifestations spectaculaires apparemment extrasensorielles peut être quelque chose de très convaincant. Aussi, dans un souci de rentabilité, certains « cercles », à l'origine honnêtes dans leurs recherches, se voient détournés de leurs objectifs. Des dirigeants prêts à tout pour trouver de nouveaux membres et renforcer leur emprise sur les adeptes ont recours à des subterfuges d'illusionnistes. Dans ce genre de situation, l'étude d'un mentaliste peut être commanditée par les associations de protection de l'individu.

Certains mentalistes particulièrement discrets se sont aussi spécialisés dans l'« *exit conselling*[39] ». Il s'agit de pratiques délicates visant à déconditionner, souvent contre leur gré (à la demande de la famille ou de proches), des adeptes de groupement sectaires. Pour ce faire, le mentaliste s'enferme avec la personne plusieurs jours afin de la déprogrammer des croyances et dogmes de la secte. Au-delà de la nature particulièrement éprouvante de telles missions, l'éthique soulève des questions fondamentales sur la liberté de croyances et le libre arbitre de chacun.

Une variante moins connue de cette activité consiste à « ramener » des hauts cadres en poste à l'étranger, maraboutés et « grigrités » à l'aide de psychotropes, d'addiction sexuelle et d'hypnose, par des sorciers locaux. Abandonnant femme et enfants en métropole, ils refusent de rentrer en fin de mission. Ils sont capables de dépérir et de se laisser mourir s'ils sont rapatriés de force. Ces interventions commanditées par la direction de grandes entreprises, en général des exploitations pétrolières ou minières m'ont valu pendant une dizaine d'années de fréquents voyages dans différents pays d'Afrique subsaharienne.

[39] Ce terme est traduit en français par « accompagnement de sortie ».

Coaching mental au service de l'accompagnement de vie et de performances

Appliquer les techniques mentalistes pour accompagner et guider une personne ou un groupe vers la meilleure version d'eux-mêmes, en écologie (voir p. 50) avec leurs objectifs et le respect de leur spécificité, est une discipline spécifique issue du mentalisme de vie : le coaching mental ou *mental coaching*. Loin de toute approche pseudo-thérapeutique – nul besoin d'aller mal pour aller mieux ! –, il s'offre une place de choix dans l'éventail des pratiques de développement personnel ou professionnel.

La pyramide P2C (voir schéma) des plans relationnels illustre de façon simple la nature de nos diverses relations et systèmes interrelationnels journaliers. Ces rapports que nous entretenons avec autrui obéissent à une série de schémas comportementaux et de scénarios. Au quotidien comme dans l'ensemble du déroulement de notre vie, les mêmes mécanismes interviennent dans nos relations avec différentes personnes.

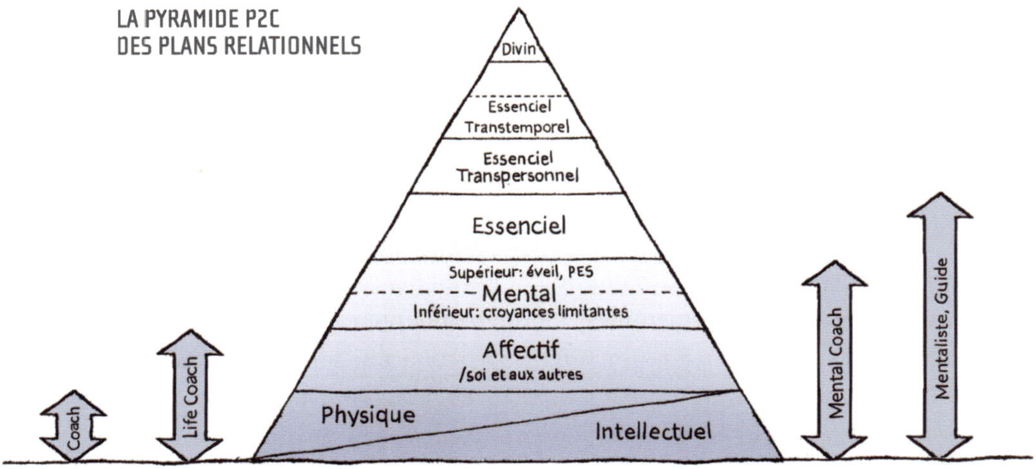

Cette pyramide éclaire aussi sur la nature des différents types de coaching. Ainsi, le praticien qui va vous accompagner professionnellement, avec l'objectivité et la bienveillance nécessaires, sur les plans physique ou intellectuel, sera votre « coach », coach sportif par exemple. Lorsque ce dernier travaille aussi « avec » et « sur » le plan émotionnel – votre rapport avec les autres et avec vous-même –, il devient alors votre « coach de vie » ou *life coach*. Il peut avoir certaines spécialités, comme le « coaching séduction », très en vogue il y a quelques années.

L'étape suivante consiste à vous permettre d'accéder aux hypercapacités de votre mental supérieur, appelé mental de l'éveil ou *budhi* chez les hindouistes, sans vous laisser entraîner et paralyser par les peurs, les limites et les croyances handicapantes du mental inférieur, *maya* des hindouistes. Cet accompagnement sur mesure, hautement plus ardu et précis, requiert les compétences d'un véritable coach mental certifié.

Enfin, l'exploration de vos niveaux *essenciels* – l'essence de l'être que les mystiques nomment souvent « âme » – et des niveaux transpersonnels – représentant l'être dans sa multidimensionnalité – sera l'apanage des mentalistes de vie, souvent appelés, dans d'autres cultures traditionnellement plus ouvertes au développement holistique de l'être, des « guides ».

Ainsi, selon l'adage « qui peut le plus peut le moins », de plus en plus d'athlètes et de personnes visant l'excellence et les plus hautes marches des podiums font appel à des coachs mentaux certifiés pour optimiser leurs performances sportives ou intellectuelles. Si cette pratique reste encore confidentielle dans notre pays, ils savent combien il est indispensable pour eux de travailler à la meilleure version d'eux-mêmes en optimisant leur acuité sensorielle, leur résistance à la fatigue physique et psychologique, leur précision, leur concentration et focalisation, leurs capacités de récupération et de régénération. Derrière chaque athlète aux performances croissantes se retrouve toujours toute une équipe, dont un coach mental compétent, efficace et… discret !

À la différence des États-Unis où, selon de récents sondages, plus des deux tiers de la population fait appel à un coach, le phénomène s'officialise chez nous lentement et les sportifs reconnus acceptent progressivement de lever le voile sur l'utilisation de ce type de services.

Coaching mental pour sportifs

Comme de nombreux autres athlètes, Antoine Launay, kayakiste double champion de France, a choisi Pascal de Clermont pour l'accompagner vers le succès aux Jeux olympiques 2016, à Rio de Janeiro. Il se livrait en octobre 2013 aux journalistes de la chaîne de télévision L'Équipe 21 : *« J'ai sollicité Pascal sur les conseils avisés d'autres olympiens… Nous travaillons de manière holistique […], aussi bien sur la respiration, la méditation, les postures que sur la manière de fonctionner de mon cerveau. Voir pour la première fois à l'intérieur de ma tête avec des appareils de neuro-feedback est à proprement parler fascinant. S'il ne viendrait à l'idée d'aucun danseur de s'entraîner sans un miroir, je suis certain que dans une vingtaine d'années chaque sportif utilisera aussi ces méthodes pour afficher en temps réel ses fréquences cérébrales et apprendre à en contrôler les effets. Tout ce travail, entre autres de neuro-feedback et d'hypnomentalisme, a démultiplié mon acuité sensorielle et ma résistance à l'effort.*

Nous travaillons aussi sur l'intelligence alimentaire naturelle parce qu'un bon mental se construit sur un véritable équilibre général. De plus, selon les exigences de Pascal, je suis suivi par un médecin et un docteur en pharmacie. Je peaufine aussi ma préparation en utilisant des synergies d'huiles essentielles[40] *[…] Le coaching mental a vraiment décuplé mon acuité sensorielle, mes capacités de concentration, de focalisation et de récupération. J'arrive en compétition dans un état de conscience modifiée, focalisé sur ma performance, imperméable aux parasites ou aux distractions, tout en restant vigilant aux éléments extérieurs contextuels indispensables dont la perception rapide et précise conditionne ma performance. Je sens que mon véritable potentiel va enfin s'exprimer pleinement.* »

Nul besoin cependant de se destiner à devenir un « olympien » pour bénéficier au quotidien des multiples avantages offerts par le mentalisme. Et si vous pouvez parfaitement vous initier seul, il vous sera – comme dans toute pratique autodidacte – difficile de franchir certains paliers sans faire appel à un professionnel certifié pour démultiplier vos capacités, vous éviter les écueils et erreurs handicapantes, accélérer votre progression, et vous garantir la durabilité d'une évolution sereine à court et à long terme.

Comment choisir votre coach mental ?

Dénicher un excellent coach mental ou un mentaliste qui, outre vous apporter des notions théoriques, saura vous guider par la pratique (le savoir-faire) vers votre nouveau savoir-être peut relever du parcours initiatique !

S'il y a des siècles, la difficulté était d'aller rejoindre le sage ermite pour recevoir son précieux enseignement, aujourd'hui la situation est pire, puisqu'il est maintenant indispensable de faire le tri parmi les centaines de propositions fantaisistes qui se révèlent souvent extrêmement dangereuses et néfastes. Comme l'ont prouvé, aux États-Unis, les multiples scandales et ravages liés à l'induction involontaire de faux souvenirs.

Son niveau d'expérience

Seule une vraie maturité dans le domaine apportera le recul et les véritables compétences nécessaires. Dix ans de pratique sont un minimum pour adapter,

[40] Décrit dans le livre Sportifs, *boostez vos performances au naturel*, édité à compte d'auteur, mars 2014.

dans l'instant, chaque séance sur mesure aux besoins du patient-client. Laissez donc les « nouveaux venus » faire leurs dents sur les entreprises avant de leur confier votre évolution personnelle. Les conséquences seront moins graves et les lois du marché auront déjà fait leur rude sélection...

Il ne sera pas forcément mentaliste ou maître mentaliste, mais exigez qu'il soit au minimum certifié « maître praticien » en coaching mental et mentalisme. L'expérience et la bonne réputation priment toujours sur les certificats, ce sont votre évolution, votre équilibre, votre harmonie qui en dépendent. Des écoles de formation au coaching fleurissent partout et si certaines dispensent un enseignement de qualité, formant des coachs et coachs mentaux éthiques, disponibles et compétents, ce n'est pas le cas de toutes. Attention aux pseudo-diplômes et pseudo-certifications ; moyennant quelques abonnements sur le Net et sans aucune connaissance, n'importe qui peut acquérir une dizaine de « diplômes » factices issus de ce qui semble être de prestigieuses écoles thérapeutiques britanniques ou américaines.

Une large palette de techniques

Préférez à un praticien « mono-discipline » un coach mental avec une approche holistique de l'être humain et une très large palette de connaissances. Il doit sélectionner les techniques, les approches et les méthodes les plus efficaces, en accord avec votre problématique et vos objectifs parmi un éventail le plus large possible. Il ne doit surtout pas faire entrer votre cas dans le cadre de pratiques standards. Attentif, fin dans ses perceptions, souple et réactif, il doit absolument adapter chaque outil à vos besoins. Et jamais l'inverse !

Le contact humain

Votre coach mental va vous accompagner dans des cheminements très intimes, il est donc crucial de vous sentir bien et en accord avec lui. Le premier contact par téléphone vous renseignera très vite sur sa disponibilité, sa chaleur et la qualité de son écoute ; évitez absolument de prendre le premier rendez-vous en n'ayant parlé qu'à la secrétaire. Décidez au feeling si vous avez envie de travailler avec lui, si vous le sentez compétent, proche de vous et capable de vous guider vers votre autonomie.

Chasse aux gourous...

Repérer la différence entre un néfaste gourou et un bon coach mental est simple : le premier vous pousse à réaliser ses propres objectifs et vous rend dépendant. Fuyez immédiatement ce genre d'individu, bien plus dans le jugement qu'à votre écoute.

Au contraire, un authentique coach mental certifié est digne de votre confiance ; il vous aide, en dehors de tout jugement, à atteindre vos propres objectifs et à devenir indépendant. Il saura être devant vous pour vous montrer le chemin, derrière pour vous pousser gentiment, à vos côtés pour vous accompagner, au-dessus de vous pour rester objectif, et en dessous pour savoir s'effacer devant votre succès (car il vous appartient). Référez-vous à l'Annuaire officiel des mentalistes[41] pour vérifier les certifications de votre praticien.

Les tarifs et autres points d'importance

Interrogez-le sur sa disponibilité, sur ce qui est compris dans ses prestations et sur sa manière d'envisager la relation « coach-patient ». Est-il facile à joindre et accessible ou au contraire peu disponible ? Comment considère-t-il vos appels téléphoniques ? Comme la continuité de sa prestation ou comme une occasion de vous facturer un supplément facilement gagné ?

[41] Voir « Ressources », p. 159.

En ce qui concerne les élèves certifiés dans mes formations, je demande un engagement personnel sincère et un véritable suivi des patients-clients qui nous ont choisis. Et avec qui nous avons simultanément choisi de travailler – car si le patient-client peut choisir son coach mental, l'inverse est tout aussi vrai. Souvent, une réponse de quelques minutes d'une personne objective, compétente et bienveillante calmera – ou même résoudra – une situation avant qu'elle ne dégénère et ne devienne dramatique. Vous avez le droit de l'exiger de votre coach mental, sinon changez-en !
Avant de vous engager sur un forfait composé d'une série de séances, faites une séance d'évaluation – qui vous sera facturée. Après deux ou trois entrevues, vous pourrez anticiper la durée probable de votre travail et choisir un forfait de séances réaliste et intéressant pour vous deux.
Fuyez comme la peste les séances de coaching de groupe et toutes les propositions-arnaques commerciales garantissant le succès en un nombre limité et précis de séances. Un consultant honnête et compétent ne peut que « garantir » de vous offrir les meilleurs outils à sa disposition et une (presque) totale disponibilité mentale. C'est à vous d'utiliser les outils apportés à votre propre rythme. De plus, un coach mental efficace a en général bien plus de demandes qu'il ne peut humainement en gérer en vingt-quatre heures. Il ne sera donc pas toujours évident que le bon coach soit immédiatement disponible pour vous.

Enfin, dès lors que vous jouez votre évolution, le tarif est peu important. Commencez avec un bon coach mental en y mettant le prix – en adaptant vos échéances de paiement par exemple – plutôt que d'essayer plusieurs consultants parce qu'ils sont moins chers. En consultant l'Annuaire officiel des coachs mentaux et mentalistes certifiés, vous choisirez le bon dès le départ, vous serez gagnant sur le court, le moyen et le long terme[42].

[42] Annuaire disponible sur mentalistes.com. Cet annuaire mis à jour régulièrement recense – par lieux géographiques, spécialités, niveaux – les divers acteurs certifiés du domaine.

Comment se former au mentalisme ?

Si le but de cet ouvrage est de vous apporter les informations et conseils nécessaires pour vous permettre de faire vos premiers pas dans le domaine, afin d'accélérer votre progression, de stabiliser votre prise de conscience, de dépasser les paliers inhérents à tout cursus autodidacte et d'éviter les écueils, l'idéal sera de vous faire accompagner dans votre évolution en consultations privées ou en groupe d'apprentissage. Science traditionnellement cachée, la mise en place dès 2009 d'une formation ouverte au public n'a pas été sans rebondissements et obstacles. Mais aujourd'hui, en 2014, le bilan dépasse les objectifs les plus optimistes.

Pour mettre en place ce cursus, il fut nécessaire de dépoussiérer le mentalisme de son côté « spectaculaire » pour le centrer sur l'hyperdéveloppement des potentiels humains. Le mentalisme consiste en un coaching mental puissant, étonnant et précis, indispensable à toute personne évoluant dans les métiers de l'accompagnement, de la thérapie, de la relation d'aide ou de la communication. Et à toute personne désirant évoluer et élargir le champ de ses possibilités cognitives et mentales.

Au-delà de son aspect démonstratif, le mentalisme est un ensemble de techniques et de processus – connus et maîtrisés jusque-là uniquement par une poignée d'individus – que tout un chacun peut apprendre et utiliser quotidiennement pour améliorer sa vie (personnelle, professionnelle, intime).

Les plus grands communicateurs, coachs, thérapeutes et enseignants utilisent par expérience certains outils mentalistes, de façon souvent intuitive et inconsciente. Nous nommons cela intuition, pertinence, expansion de conscience, qualité d'écoute et de création du rapport humain, capacité à attirer, à séduire, précision dans le langage et adaptation.

Approche centrée sur le développement de l'individu, le mentalisme demande aussi bien un travail sur vous-même (rapidité, observation, déduction, utilisation du langage non verbal...) que sur le rapport à l'autre (sa compréhension, son accompagnement). Abordée de façon théorique puis mise en pratique à travers différents exercices, l'intégration des multiples niveaux de compréhension et de communication offre de nombreuses stratégies de communication (avec soi et avec les autres) directement applicables pour :

- développer votre acuité sensorielle et votre sensibilité (hyperesthésie, intuition, anticipation, projections mentales...) ;
- gérer et exploiter de manière optimale vos différents états de ressources mentales ;
- mieux utiliser vos trois cerveaux et vos deux hémisphères. Savoir mobiliser vos capacités ;
- optimiser, par le mental, vos capacités physiques (résistance à la fatigue ou à la douleur, motivation, précision, endurance) ;
- développer vos capacités naturelles d'autoguérison ;
- ralentir les processus de vieillissement et booster votre régénération ;
- gérer votre stress, vos phobies, les peurs, vos manies, vos TOC, obsessions ou comportements autopréjudiciables (alcool, tabac, sexe, dépendances diverses, autodestruction, insomnies...) ;
- vous débarrasser de vos aliénations et barrières du mental inférieur pour libérer les capacités du mental supérieur ;
- optimiser votre niveau de confiance, de concentration, vos capacités artistiques, ainsi que vos facultés d'apprentissage ;
- gérer et contrôler vos angoisses, vos comportements de pulsion (colère, jalousie, violence...) ;
- accompagner les changements et les événements difficiles (chômage, mutation, séparation, décès...) ;
- préparer mentalement une épreuve sportive, un examen, un changement ;
- gérer et contrôler votre poids et votre rapport à la nourriture (amincissement) ;
- gérer et améliorer votre sexualité (masculine et féminine, épanouissement sexuel) ;
- améliorer et optimiser votre mémoire, votre créativité, vos intelligences, votre intuition, votre pensée visionnaire ;

• optimiser votre charisme et votre leadership ;
• développer votre expression, votre communication subliminale et vos techniques d'influence (influencer et induire une attitude voulue de la part de votre interlocuteur par des gestes, postures, projections mentales et signes subliminaux) ;
• améliorer vos capacités de management et de motivation de groupes ou de personnes ;
• améliorer votre communication consciente et inconsciente, votre communication interpersonnelle et relationnelle ;
• améliorer et optimiser vos propres stratégies cognitives internes (créativité, mémorisation, prise de décision, motivation personnelle ou d'un groupe...), en utilisant par exemple l'accélération des processus mentaux (APM).

LA FORMATION IDÉALE

Selon le journaliste Yves Lessage, voici ce qu'une formation de mentaliste doit réunir pour être complète.

1. Elle doit valider un cursus réellement complet sur cette méthode aujourd'hui pratiquée par une petite poignée d'individus à travers le monde.

2. Elle doit couvrir tous les domaines du mentalisme de vie et de consultation, jusqu'aux techniques modernes et innovantes, développées en lien avec la PNL, les hypnoses en passant par le zen, le chamanisme ou encore le *neuro-imaging*.

3. Elle doit être encadrée par l'un des rares authentiques mentalistes répartis dans le monde, conservant l'application « coaching et développement personnel » du mentalisme qui en est pourtant à l'origine.

4. Elle doit offrir un cadre sécurisant et une structure encadrant, avec compétence et expérience, le certifié pour aider son installation professionnelle et lui éviter les mille et un pièges qui jalonnent la vie d'un consultant (administration, comptabilité, marketing, organisation...).

Enquêtes de police : mentalistes et *psychic detectives*

Bien que cet aspect pratique ne soit que peu développé dans la série télévisée « Mentalist », dans les cas de disparitions, le mentaliste peut exploiter ses capacités extrasensorielles et, par exemple, prendre en main un objet ayant appartenu à la victime ou à l'agresseur. Puis il énonce des faits, des noms, décrit des lieux, des impressions, des sons ou dessine des images ainsi que tout ce qu'il ressent. L'ensemble est soigneusement consigné, comparé aux bases de données et les possibilités sélectionnées par recoupements et triangulation.

Si la présence de mentalistes certifiés dans le cas d'enquêtes est une aide évidente, qu'en est-il de celle des « voyants » ? La question a interpellé pendant plus de vingt ans Marcello Truzzi[43], qui a mené la plus importante enquête sur le sujet, dont il a résumé les principales conclusions dans son ouvrage *The Blue Sense*[44].

Lors d'une interview, il résumait la situation ainsi : *« À ce jour, les "voyants" ne sont que très rarement sollicités, officiellement, par la police dans des enquêtes. Et dans les rares cas où ils ont été utilisés, la police oppose, de toute façon, un démenti officiel, de crainte de voir les médias ridiculiser la méthode. De plus, le manque d'informations fiables empêche de juger si le peu d'interventions qui se sont révélées justes furent ou non le fruit de la chance. Un des écueils majeurs est que l'on ne parle que des résultats positifs, sans comptabiliser et prendre en compte les nombreux échecs. Certains "voyants" s'essaient, parfois, à plus d'une centaine de cas par an... Aussi, on peut raisonnablement s'attendre à un pourcentage de succès simplement dû à la chance et aux probabilités. De plus, beaucoup des réussites annoncées par des "voyants" sont, après vérification, ni plus ni moins qu'un tissu de mensonges.*

[43] Marcello Truzzi, aujourd'hui décédé, a été, dans le domaine, l'un des chercheurs contemporains les plus passionnés. Professeur de sociologie dans une université du Michigan, il était aussi directeur du Centre de recherche des anomalies scientifiques. Génial chercheur, il s'opposait aux scientistes obtus et à l'obscurantisme des associations de pseudo-sceptiques et autres terroristes de l'extrasensoriel. Il restait, après plus de vingt ans de recherches, extrêmement réservé quant à l'utilité de la psychométrie et de la voyance dans les enquêtes de police.

[44] Mysterious Press, 1991.

[45] Le terme « voyants » est utilisé ici pour décrire l'ensemble des voyants, précognitifs, postcognitifs, extrasensoriels et psychomètres.

Toutes les études en laboratoire, menées sur les résultats obtenus dans des enquêtes criminelles, ont des résultats négatifs. Les résultats obtenus par les "voyants" ne sont pas plus concluants que ceux obtenus par des policiers ou même par des étudiants à qui sont proposés des cas.

Bien qu'il soit arrivé qu'un "voyant" ait aidé la police à localiser un corps, à ce jour aucun "voyant" n'a permis d'obtenir les preuves nécessaires pour déterminer l'identité de l'auteur d'un crime. En un mot, la validité des résultats obtenus par les "voyants" est nulle, si ce n'est négative.

En revanche, totalement en marge du débat sur la réalité du phénomène lui-même, se pose la question de son utilité. Ainsi, même lorsque aucune des visions n'a d'utilité, la présence d'un "voyant" est souvent considérée comme bénéfique par la famille de la victime comme par la police. Sa présence démontre ainsi combien les enquêteurs sont de bonne volonté pour résoudre l'affaire et qu'ils ne négligent aucune piste. Ce qui peut être primordial pour l'opinion publique. Certains "voyants" peuvent devenir, pour la famille et l'entourage, d'excellents pseudo-thérapeutes. En un mot, même si l'aspect "paranormal" de leur intervention est invalide, les "voyants" peuvent se montrer socialement et psychologiquement utiles dans les enquêtes.

On peut aussi signaler que la police les utilise parfois pour d'autres raisons. Il peut ainsi arriver, par exemple, que des suspects passent spontanément aux aveux quand ils se croient en présence de quelqu'un qui est "voyant", de la même manière qu'ils le font lorsqu'ils savent qu'ils vont être soumis au détecteur de mensonges.

Je crois que les cas les plus intéressants sont ceux où plusieurs "voyants" sont consultés pour la même enquête. Leurs avis sont, en général, très différents, pour ne pas dire complètement contradictoires. Ces cas nous apportent des informations intéressantes en ce qui concerne leur mode de fonctionnement. En éliminant les cas de désinformation-fraude évidents, les "voyants" professionnels possèdent, en général, une sensibilité accrue dans le domaine de la communication interpersonnelle. Les meilleurs "voyants" ont en général acquis une expérience leur permettant de déceler des schémas comportementaux subtils. En un mot, ce sont des personnes intelligentes, douées d'un sens inné de détective. Bien souvent, surtout en zone rurale, ils ont une meilleure connaissance des habitants que

la police locale. En général, le "voyant" sonde l'enquêteur lui-même ou le parent de la victime, il ne "voit" pas sur la victime mais sur ceux qui l'emploient ! Bien souvent, il ne fait que confirmer-renforcer-orienter les hypothèses déjà élaborées par la police. Son but étant de faire une bonne consultation, satisfaisante pour celui qui l'emploie, qui bien souvent n'a pas grand-chose à voir avec la réalité du crime lui-même !
Il ne semble pas que ces "voyants" exploitent une "mémoire" des objets, bien qu'ils prétendent souvent utiliser la psychométrie, il n'y a aujourd'hui aucune preuve scientifique de la chose. De plus, tel Sherlock Holmes tirant d'étonnantes conclusions d'une observation minutieuse, il est souvent possible, à l'examen d'un objet, d'en déduire beaucoup d'informations sur le propriétaire, comme le font les mentalistes. Mais au fond, l'évaluation de l'utilité ou du succès des "voyants" dans ces enquêtes est affaire de pragmatisme, il s'agit plus de découvrir des éléments possibles que des preuves purement rationnelles de ce qui s'est passé dans le cas du crime. »

« Être » mentaliste ou « pratiquer » le mentalisme pour profiter de ses bienfaits ?

Pas une semaine sans qu'on me pose la question : Pour faire du mentalisme, il faut un don, non ? Interrogation qui peut certes paraître légitime, mais dont la réponse est d'une logique évidente : Ni plus ni moins que pour les autres domaines !
Pour détailler ce truisme, deux notions sont à mettre en exergue : le don et le mentalisme.
L'utilisation du mot « don » est ici linguistiquement perverse. Son sens profond varie selon le contexte. Un « don » pour la danse, la musique, la sculpture, les maths décrit simplement une personne possédant des facilités naturelles – donc une organisation mentale innée, puis acquise, adéquate – dans ces domaines. Mais un don de voyance, de guérison ou de mentalisme sous-entend quelque chose de mystérieux, un peu sulfureux et magique. Un seul mot, deux sens ! Le registre est pourtant le même et il s'agit aussi d'une simple facilité

naturelle – innée et développée inconsciemment – facilitante. Nulle magie ou mystère là-dessous. Mentalisme, perceptions extrasensorielles et don de guérison ne sont que l'expression de facultés latentes humaines, souvent sous-exploitées, naturellement plus manifestées chez certains individus.

De plus, il est important de différencier le fait d'utiliser le mentalisme pour améliorer sa vie et celle des autres de celui d'en faire un métier, ce qui revient souvent à vouer sa vie à l'exploration passionnante des profondeurs abyssales de ce domaine !

Personne ne confondrait faire de la peinture le dimanche, pour son plaisir, et devenir un artiste peintre coté. De la même manière, les techniques de mentalisme sont un atout exceptionnel si vous voulez maintenant évoluer vers la meilleure version de vous-même en reprenant en main un ensemble d'outils – sensoriels, cognitifs, extrasensoriels – dont la maîtrise a été au cours du temps un peu oubliée. Nul besoin de don particulier, vos progrès seront le fruit d'une équation réunissant vos facultés innées, vos capacités d'apprentissage votre investissement personnel, les qualités pédagogiques de vos enseignants, et des paramètres contextuels peu prévisibles comme la chance. Certes, le niveau atteint variera, nous sommes tous inégaux quant à nos potentialités, mais cela est vrai dans toutes les disciplines et tous les domaines de la vie. Quelles que soient les limites atteintes, vous aurez progressé sur le chemin de votre évolution. D'autant que le pourcentage de nos capacités latentes gaspillées est tellement important que vous aurez amélioré votre vie quelle que soit la durée de votre trajet sur les voies du mentalisme.

Nul besoin, donc, de don particulier pour « pratiquer le mentalisme » et optimiser ses propres capacités mentales. Tout commence par une Prise De Conscience (PDC), celle de ses propres capacités qui, tel un trésor enfoui dans son jardin, attend d'être découvert. Cette prise de conscience est absolument primordiale, elle est le déclencheur de votre nouvelle vision de la réalité.

En revanche, pour « devenir » mentaliste, donc professionnel, bien qu'il demeure facilitant de posséder des capacités innées – hypersensorielles et extrasensorielles –, l'indispensable est surtout une soif d'apprentissage permanent, une disponibilité mentale et physique ainsi que des facultés d'apprentissage particulièrement développées. Si le statut de mentaliste professionnel est long et difficile à atteindre, la spécialisation en coaching mental demeure une voie plus accessible à tout un chacun. Ainsi, vous pouvez exploiter professionnellement les techniques mentalistes en consultations privées et en entreprises en tant que coach mental sans avoir à maîtriser l'ensemble holistique du continuum « mentalisme ». Les formations certifiantes de coaching mental et mentalisme vous prépareront efficacement à cette activité professionnelle dès les premiers niveaux. À vous ensuite, tout au long de votre vie, de gravir les échelons et de bâtir progressivement l'édifice de vos connaissances pour enfin faire partie des rares maîtres mentalistes.

À votre tour de pratiquer le mentalisme

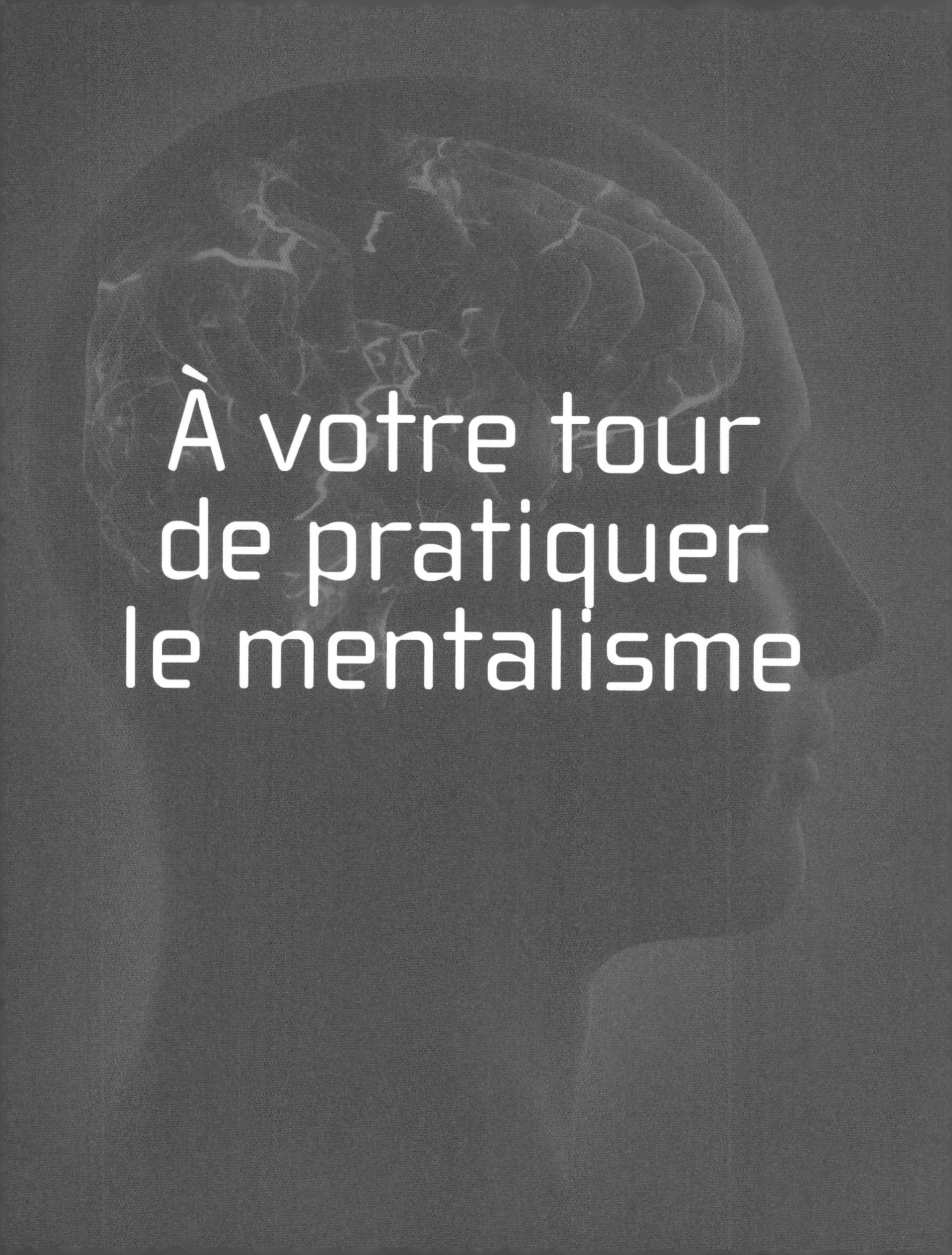

Quelques brèves notions d'éthique...

L'éthique est une affaire de personne et de convictions propres. Encadrée par les textes juridiques et les obligations légales parfois difficilement applicables, elle est fortement imprégnée par notre culture, nos croyances et notre confession et dépasse complètement la notion de morale. Oubliant les charabias mystico-religieux, *new age* ou judéo-chrétiens, il n'y a ni mal ni bien absolu. Les conséquences de ce qui est « bien » pour quelqu'un peuvent être « mal » pour un autre ; alors, qui a raison ? Ces concepts dichotomiques primaires (aux antipodes du mysticisme réel), inventés et perpétués entre autres par les religions, ne résistent pas à la moindre réflexion. Et définir ce qui est bien ou mal pour une personne ne peut se faire que cadré dans un groupe déterminé d'individus et sur une durée limitée. Au-delà, personne n'en sait rien, la religion catholique bottant comme les autres en touche par le principe sacré de l'« impénétrabilité des voies du Seigneur ».

En coaching mental, la notion d'être « en écologie envers ses objectifs » est utilisée pour souligner l'absence totale d'une dualité universelle. Votre éthique est donc ce qui régit vos actes, ceux avec lesquels vous êtes en accord profond. Elle peut – et va sûrement – évoluer avec le temps et avec vos expériences de vie. « Suivez vos croyances et soyez fidèle à ce en quoi vous croyez » est la meilleure des voies. À vous d'accepter ce que vous êtes – première étape vers votre propre évolution –, puis déterminez vos priorités et leur hiérarchie, tout en acceptant les répercussions et les conséquences. Nos existences étant intimement liées dans un écheveau multidimensionnel[1], les tenants et aboutissants se jouent sur un ensemble de plans dont la plupart échappent totalement à nos perceptions conscientes.

[1] Voir p. 136.

Corps et mental, les deux faces d'un tout indissociable

L'être humain est un « tout » à considérer dans sa globalité, son développement devant aussi s'appréhender de façon holistique. Ce que les cultures asiatiques et indiennes nous rappellent depuis la nuit des temps revient enfin progressivement à notre conscience. Corps et mental ne forment et n'ont toujours formé qu'un tout indissociable et unique.

Prenez quelques instants s'il le faut pour relire et conscientiser cette simple phrase : « Corps et mental ne forment et n'ont toujours formé qu'un tout indissociable et unique. »

Toute évolution vers l'excellence ne peut se faire qu'en *ré-unissant* les deux. Nombre de personnes viennent me consulter pour des raisons diverses mais, au fond, ce ne sont que des prétextes inconscients – appelés « fausses barbes » dans le jargon des consultants –, fruits de la rationalisation d'un besoin profond, comme celui de réconcilier leur corps et leur esprit. *Com-prenant* (dans le sens initial : « prendre avec soi ») enfin que le *in-carne* n'est que le reflet du *in-mentis*.

Nous sommes ce que nous consommons, et toute pratique de développement se construit grâce à une optimisation du « milieu ». Intelligence alimentaire, pratique d'exercices physiques, travail des énergies internes et de la respiration, maîtrise de votre contexte social – afin d'éviter les relations toxiques – seront le point de départ de votre voyage vers la meilleure version de vous-même. Enfin, telles des lunettes dont la teinte des verres colore tout ce que vous voyez, votre « mode de pensée » sera l'outil final indispensable pour diriger votre évolution.

Ainsi préparé et armé, vous voilà prêt à entreprendre votre cheminement mentaliste. Les chapitres suivants vont vous apporter les pratiques et connaissances pour jalonner votre progression[2].

[2] Pour aller plus loin, lire, du même auteur, *Mentaliste*, Éditions du Moment, 2010, et *Devenez la meilleure version de vous-même, op.cit.*

PYRAMIDE MVVM : OPTIMISER LE « MILIEU »
POUR ALLER VERS LA MEILLEURE VERSION DE VOUS-MÊME.

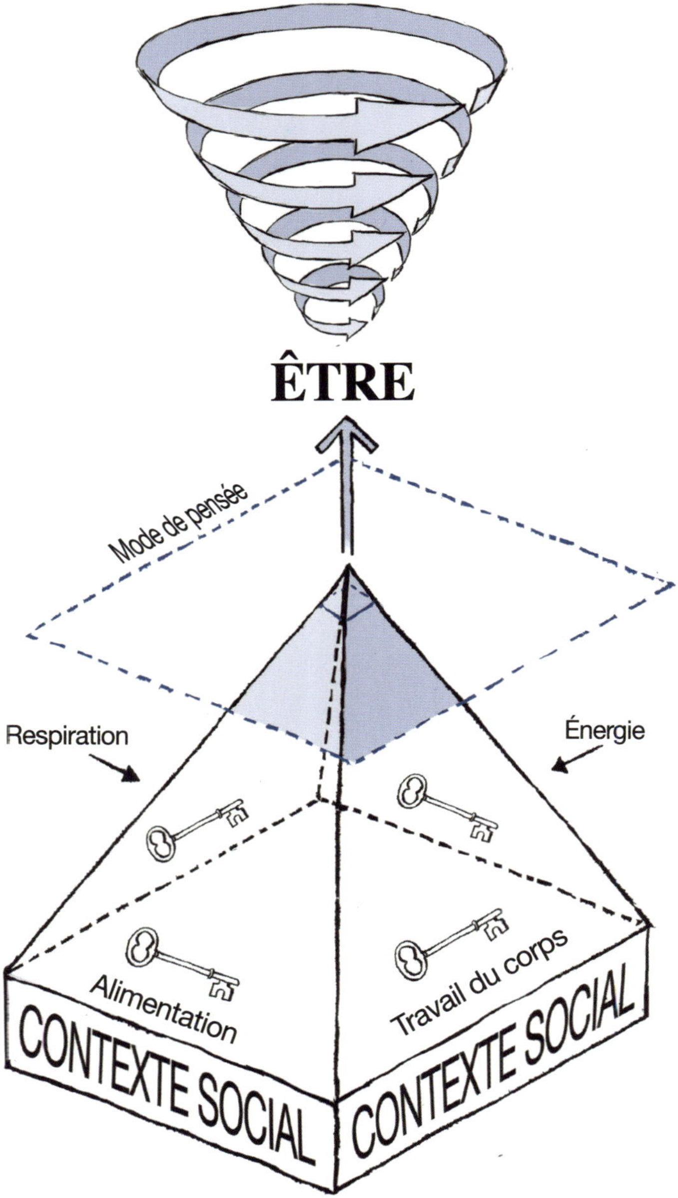

VOTRE JEU DE CARTES PRISE DE CONSCIENCE (PDC)

À l'aide d'une paire de ciseaux, découpez soigneusement les cartes en carton épais placées dans le cahier final du livre. Ce sont les jeux de symboles PDC.

Le jeu PDC Symboles est constitué des cartes comportant côté face un symbole de couleur – rond, croix, vague, carré, étoile – côté dos un médaillon noir et blanc. Ce jeu est appelé « jeu Zener-Rhine » et a été développé par le professeur Karl Zener, en 1920, pour permettre à son collègue américain, le Dr Joseph Banks Rhine, de tester à partir de 1925, dans son laboratoire à l'université de Duke aux États-Unis, les facultés de perceptions extrasensorielles[3] de divers sujets. Les résultats de ses expériences ont prouvé l'existence de la télépathie. Hélas, les nombreuses failles de sécurité dans les protocoles utilisés ne permettent pas de valider scientifiquement à 100 % ces expériences, pourtant particulièrement intéressantes et en avance sur leur temps. Vous allez utiliser ce jeu original pour diverses expériences de postcognition, de précognition, de métacommunication mentale, de vision à distance, de mémoire, d'évocation mentale.

Le jeu PDC Couleurs est constitué des cartes comportant côté face un médaillon de couleur – noir, rouge, jaune, vert, bleu, noir, violet, blanc – et côté dos la lettre « Phi », 23e lettre de l'alphabet grec, utilisée pour désigner un phénomène statistiquement paranormal. Ce jeu exclusif vous permettra de réaliser diverses expériences de postcognition, de précognition, de dermoperception, de vision à distance, de mémoire et d'évocation mentale[4].

Les deux cartes représentant un médaillon et un soleil seront utilisées (avec deux élastiques), collées sur un carton, pour l'apprentissage des techniques d'évocation mentale. Il s'agit des cartes « médaillon ».

Conservez l'ensemble très précieusement, il vous sera indispensable pour tester, développer et maîtriser vos nouvelles capacités.

[3] Voir p. 16.
[4] Voir plus loin, à partir de p. 87, pour un approfondissement de ces notions.

Développez vos facultés cognitives[5]

La mémoire

Fille d'Ouranos le Ciel et de Gaïa la Terre, Mnémosyne, déesse de la Mémoire pour les anciens Grecs, savait « tout ce qui était, tout ce qui est et tout ce qui sera »... Si la mémoire a pour la science perdu sa nature divine, elle n'en demeure pas moins encore bien mystérieuse. Certes, l'imagerie cérébrale a permis en quelques années de faire des pas de géant dans la compréhension des processus de mémorisation, mais il nous reste encore beaucoup à découvrir. Ainsi, grâce à ces nouvelles découvertes, il est possible aujourd'hui de mettre en place une théorie plus ou moins unifiée de la mémoire. Mais ce n'est qu'une représentation destinée à établir un cadre de compréhension plutôt que le reflet de pures vérités physiologiques et neurologiques. Toutefois, il n'est pas nécessaire que toute la lumière soit faite sur les processus de mémorisation pour dès maintenant modéliser des stratégies mentales destinées à mieux utiliser nos capacités cognitives, à améliorer nos performances mémorielles et à retarder les effets du vieillissement cérébral.

Qui n'a un jour pensé : « Mince, j'ai encore oublié mes clés... Décidément, je n'ai plus aucune mémoire » ? Mais est-ce vraiment la mémoire qui est en jeu ici ? Avez-vous réellement pris la peine d'essayer de « volontairement vous souvenir » ou avez-vous plutôt tout simplement oublié de vous souvenir ? Ce que vous pensez être une défaillance de votre mémoire ne serait-il pas plutôt une simple distraction ? La routine et l'habitude n'ont-elles pas endormi votre vigilance lorsque vous avez, par exemple, fermé votre porte ? Et avez-vous réellement oublié ou ne seriez-vous pas en train de vous souvenir juste à temps ? En démystifiant les arcanes de votre mémoire, vous allez mieux en contrôler le fonctionnement et les performances.

[5] D'après les formations certifiantes PDC en mentalisme et coaching mental.

Dans la vie courante, mémoriser est un processus inconscient et automatique, mais parfois cette mécanique si bien huilée se grippe !

À chaque instant, vous êtes confronté à une véritable avalanche d'informations sensorielles. Mémoriser nécessite un tri conscient et inconscient, afin de déterminer ce qui vous est utile ou ce qui risque de le devenir, mais ce processus d'évaluation n'est pas toujours fiable. Aussi allez-vous devoir recourir à des stratégies mentales élaborées pour contrebalancer ces faiblesses. Il vous faut apprendre comment, volontairement, mémoriser efficacement et comment vous souvenir immédiatement des informations lorsque cela est nécessaire. Pour cela, il suffit de quelques « clés » simples, efficaces et rapides à mettre en œuvre.

Clé n° 1 : la mémoire est un « processus » fait d'étapes successives

Concevoir la mémoire comme un processus constitué d'un ensemble d'actions successives est votre première clé. En effet, cantonner la mémorisation aux seules actions d'enregistrer une information et de la restituer à volonté serait bien trop limité. La mémorisation est composée d'une chaîne d'actions ordonnées et complémentaires, sans lesquelles aucune mémorisation fiable n'est possible.

Au départ du processus, il y a un besoin, une nécessité ou un intérêt **(phase 1)**. Ceux-ci vont créer une motivation **(phase 2)** vous amenant à mobiliser votre attention **(phase 3)**. Vous êtes alors en état de focaliser votre attention sur les informations souhaitées en un processus de concentration **(phase 4)** vous permettant d'enregistrer ces éléments et d'organiser leurs traces sous forme de souvenirs **(phase 5)**. Cette phase se prolonge automatiquement jusqu'à plusieurs nuits après l'enregistrement, sous la forme de tri et de renforcement inconscients. Ensuite, chaque fois que vous faites appel au souvenir, il est de nouveau enregistré **(phase 6)** et sa trace mnésique est renforcée.

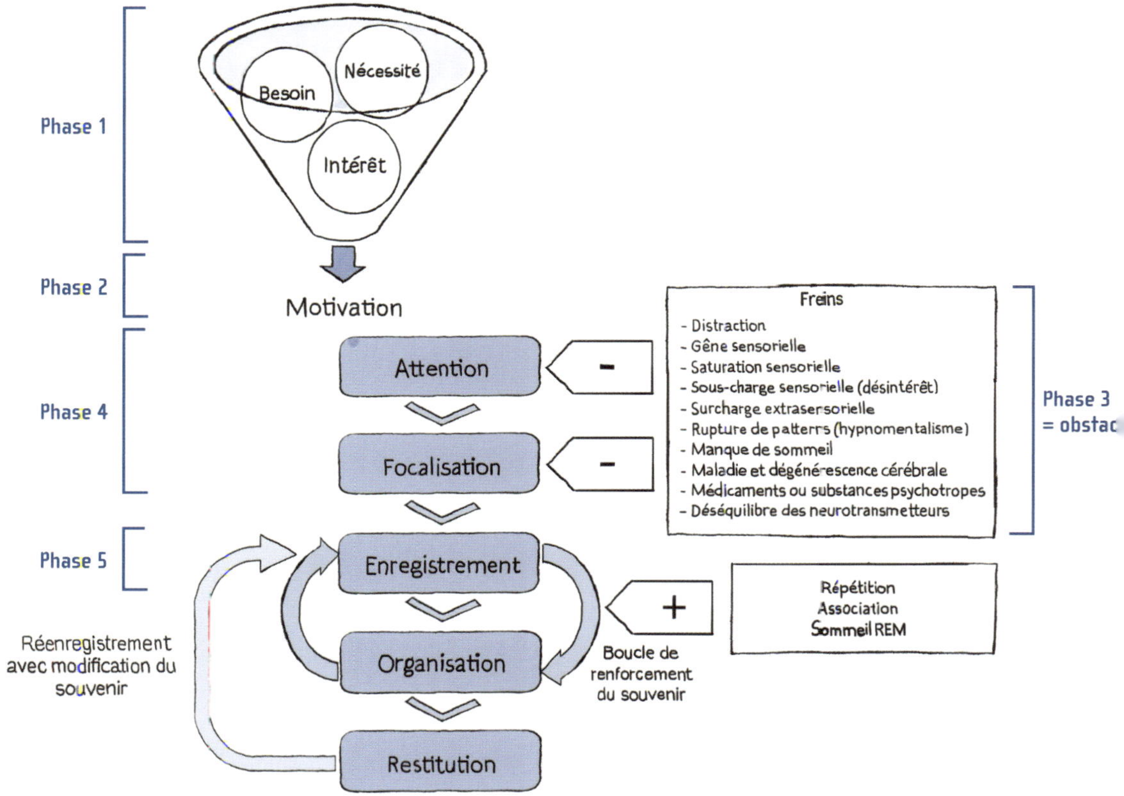

Les différentes étapes du processus mémorisation-rappel

Imaginez que vous promeniez un très gros chien, certes gentil et doux, mais puissant comme un chien des Pyrénées, et bien décidé à se dégourdir les pattes. Vous le tenez au bout d'une laisse solide, une chaîne en acier constituée de maillons entrelacés. Mais si vous remplaciez un maillon par un morceau de corde fine, la chaîne entière perdrait toute sa solidité, simplement parce qu'un seul de ses composants serait fragile. Une chaîne n'a que la force de son maillon le plus faible ! Il en est de même pour votre mémoire. Si une seule des étapes du processus est bâclée, la chaîne entière se brise, et toute mémorisation devient impossible… Dorénavant, avant de blâmer votre mémoire, pensez d'abord à vérifier que toutes les étapes successives du processus ont été respectées.

Les principaux écueils sont en général :

- le manque de motivation et la mauvaise estimation des futurs besoins, nécessités… ;
- les défaillances de l'attention ou de la concentration ;
- les déficiences dans l'organisation ou le renforcement des traces mnésiques (les souvenirs).

Le schéma des différentes étapes du processus mémorisation-rappel démontre à quel point chaque maillon peut être sujet à des dysfonctionnements :

Phase 1. Besoin, intérêt, nécessité ou curiosité vont provoquer la motivation nécessaire pour apprendre. Il est donc évident que vous allez mieux retenir ce qui vous intéresse que ce qui vous indiffère. À ce premier stade, votre cerveau fait une évaluation globale de ce dont il a (ou aura) besoin, mais il n'est pas encore dans le processus de tri sélectif et ponctuel des perceptions-informations à mémoriser. Il est simplement en train de préparer une sorte de « liste des courses à faire ». Certaines défaillances peuvent alors survenir s'il y a mauvaise estimation des futurs besoins ou nécessités.

Phase 2. La motivation crée la demande de mobilisation de votre attention. Cette étape est une transition entre les phases 1 et 3.

Phase 3. De nombreux facteurs peuvent faire barrage à la mobilisation de votre attention : stress, anxiété, fatigue, maladie, certaines dégénérescences neurologiques, routine, habitude, automatismes, inattention et distraction, émotion, le fait d'être déjà absorbé par une autre activité, certains médicaments, mauvaise humeur, préoccupations, interruption inattendue de l'action, manque de variété ou d'intérêt, manque de pratique d'exercices d'attention, âge, état de pré-endormissement…

L'attention est un processus orienté vers une seule information, ou un seul sens à la fois. Il est dit « sensoriellement mono-orienté ». Il est impossible de maintenir son attention sur plusieurs perceptions simultanées (beaucoup d'inductions hypnotiques utilisent ce principe). Notre cerveau se contente d'aller d'un sens à l'autre très rapidement en balayant l'éventail des zones de perception en permanence. Le cerveau des femmes, de par sa meilleure perméabilité[6], est plus adroit dans ce type d'exercice. Informations et perceptions sont, à ce stade, inconsciemment triées selon vos propres filtres personnels : capacités physiologiques de perception selon l'environnement (chacun voit, entend… plus ou moins bien), vos croyances et convictions (on voit ce qu'on s'attend à voir)…

Phase 4. La concentration n'est pas un processus inné, mais bel et bien une capacité acquise en élaborant des stratégies mentales internes. C'est un processus volontaire de focalisation ponctuelle de l'attention, nécessitant vigilance, décontraction, perméabilité et ouverture sur l'extérieur. L'attention ponctuelle est un processus naturel de vigilance, mais sa focalisation efficace est un acquis. Vous ne devez ressentir ni crispation, ni stress, ni tensions pour être performant. Aussi, dans vos périodes de concentration, prenez soin de vous ménager une pause par heure afin de permettre à votre cerveau de rassembler, d'intégrer et de mieux classer les données mises en jeu. Pratiquez quelques techniques de respiration ventrale pendant 5 minutes. C'est durant cette phase que s'effectue le tri conscient de ce qui va vous être utile. Cette sélection s'effectue parmi les informations et perceptions déjà inconsciemment triées selon vos propres filtres personnels (phase 3). Focalisation et concentration sont sujettes aux mêmes sources de dysfonctionnements que l'attention. Pour lutter contre les principales interférences, conservez en tête ce que vous désirez faire et ce sur quoi vous êtes censé vous concentrer. Par exemple, alors que vous travaillez chez vous à un projet, vous vous levez pour aller boire un jus de fruits frais. Sur le chemin, vous remarquez une lettre ou une chemise qui traîne, et vous

6 Voir le paragraphe sur les différentes aires du cerveau, p. 75.

la remettez à sa place. En rangeant la chemise, vous rectifiez le tas de pulls… Au bout de quelques minutes, vous avez totalement oublié que vous étiez en train de travailler et que vous vous étiez levé pour aller boire. Conserver en tête le but de votre action première (boire et retourner travailler), en la répétant mentalement, vous permettra de rester focalisé. Dès que vous focalisez volontairement votre attention sur ce que vous faites, vous allez vous rendre compte que votre mémoire devient déjà beaucoup plus fiable.
Phase 5. L'enregistrement. Il est évident que les quatre phases précédentes doivent être correctement exécutées pour qu'il vous soit possible de passer à la phase d'enregistrement. Cette phase s'articule principalement autour de quatre processus : l'imagerie mentale (***processus 1***), l'évocation mentale (visualisation, ***processus 2***), l'association (***processus 3***) et le classement répétitif (renforcement, ***processus 4***).

Processus 1. L'imagerie mentale est la faculté qui vous permet de penser en termes d'images et de vous faire une représentation mentale de ce que vous concevez, de ce que vous imaginez ou de ce que vous avez déjà perçu (lecture, descriptions…). Votre mental a besoin de passer par des images, des représentations mentales pour comprendre, organiser et mémoriser efficacement. C'est une faculté naturelle et involontaire, mais primordiale. Vous allez travailler à l'améliorer et à l'amplifier.

Prenez maintenant quelques minutes pour imaginer : un lion qui rugit, un chat qui ronronne, la neige qui tombe, l'été, la joie, le temps qui passe. Les trois premiers exemples sont simples, vous avez formé des images mentales directes. Les trois derniers exemples, au contraire, sont des images mentales indirectes. Pour vous en faire mentalement une représentation, ils nécessitent que vous passiez par des images mentales directes intermédiaires et des symboles. Pour l'été, ce peut être en vous voyant à la plage, ou en bermuda et lunettes de soleil, ou à la terrasse d'un café sous un parasol.

Travaillez à fabriquer des images à partir de concepts, d'impressions, de descriptions pour améliorer vos capacités d'enregistrement et de rappel des souvenirs. Un exercice intéressant est de prendre l'habitude de vous représenter automatiquement des images de ce que vous lisez ou entendez. Prenez régulièrement quelques minutes pour revenir sur des mots, des descriptions, des « images » (directes ou indirectes) lues ou entendues et pour en faire une série de représentations mentales. Vous allez vite prendre conscience que plus vous vous mettez en scène dans ces tableaux en y ajoutant des émotions, plus l'image créée est forte. Plus tard, amusez-vous à les manipuler comme dans un logiciel de 3D, en les faisant tourner dans l'espace pour voir le dessus et le dessous… (il s'agit alors d'exercices d'évocation mentale). Vous pouvez aussi prendre un dictionnaire de poche (sans photos), l'ouvrir au hasard et vous créer une image de chaque mot.

Processus 2. L'évocation mentale (appelée souvent à tort « visualisation ») est votre faculté de rappeler et/ou de créér des images en vous les projetant mentalement, comme un film intérieur. Ce processus se différencie de l'imagerie mentale en ce qu'il ne sert pas à créer une image afin de mieux appréhender un concept ou une description, mais plutôt à volontairement se projeter mentalement une série d'images (création ou rappel). Par exemple, lorsqu'il vous est demandé, au cours d'une relaxation guidée, de vous imaginer dans un bateau qui flotte doucement sur l'eau et vous berce agréablement. L'image que vous créez est une « évocation mentale ».

Ce terme est bien plus adéquat que « visualisation », car plus général. Une bonne évocation mentale est multisensorielle : elle utilise la vue, l'ouïe, l'odorat… Plus votre projection est riche d'impressions sensorielles, d'émotions, de couleurs, d'odeurs, de sons, de mouvements… plus l'évocation est riche et réussie. Tous ces paramètres sont appelés « submodalités » de l'évocation.

Attention, lorsque vous imaginez une scène de votre futur, ou revivez un événement passé, vous fixez votre esprit sur des images mentales dont vous orientez le contenu en lui donnant volontairement un sens. Mais parfois, une coloration est involontairement donnée, provoquant stress, erreurs d'interprétation et inquiétude.

Travailler à rendre vos évocations mentales riches va améliorer vos capacités d'enregistrement et de rappel des souvenirs. Prenez régulièrement quelques minutes pour vous relaxer et « vivre » des évocations mentales de plus en plus riches en sensations, en informations et surtout en émotions. La phase précédant le sommeil est une bonne période pour cet entraînement. Les images à forte charge émotionnelle seront bien mieux enregistrées et résistantes à l'érosion du temps. Le plus efficace est de vous inclure aussi dans ces évocations. Soit associé à l'action, donc dans la position d'acteur, soit dissocié, en spectateur. Plus la situation visualisée est agréable et valorisante pour vous, plus la trace laissée sera forte.

Afin de vous exercer, observez pendant quelques minutes un objet courant, puis fermez les yeux et recréez ensuite mentalement une image la plus fidèle possible de cet objet. Vous allez le voir, le sentir, percevoir sa texture, son goût… Vous pouvez l'évoquer dans son ensemble, puis seulement certains détails en vous approchant mentalement comme avec une loupe. Lorsque vous serez familiarisé avec cet exercice, tentez de faire tourner l'objet dans l'espace, pour le voir sous tous ses angles.

Processus 3. L'association est le processus mental qui lie entre eux divers éléments, souvenirs et informations, afin que l'évocation d'un seul rappelle une partie ou la totalité des autres. C'est le processus le plus important dans la fonction d'organisation des souvenirs. De nombreuses méthodes et stratégies améliorant la mémorisation en usent généreusement. Ces associations sont souvent involontaires mais, en les provoquant vous-même volontairement, vous allez créer un large réseau de liens, et rapidement démultiplier vos capacités. Méthode extraite de mes séminaires, le mental training va vous permettre, en quelques minutes, de vous souvenir très facilement de longues listes de mots, dessins ou informations[7].

Processus 4. Le classement répétitif, ou « renforcement », est le processus selon lequel plus un souvenir est souvent rappelé et évoqué, plus il laisse une trace mnésique importante et facilement accessible. Lorsque vous voulez créer un « souvenir », ce que vous avez perçu est encodé de manière à être enregistré. Plus les informations sont riches, plus elles sont encodées selon diverses origines sensorielles (vue, ouïe, odorat…), plus elles sont répétées, plus les traces mnésiques seront rapidement accessibles et fiables. Le processus d'association est donc une manière de créer des repères et des liens entre les souvenirs, de telle sorte que lorsque l'un d'eux est évoqué, tous ceux qui y sont associés reviennent (consciemment ou pas), profitant aussi du renforcement. Ainsi les personnes en constante effervescence intellectuelle, celles qui posent des questions et s'intéressent à tout, sont-elles en permanent processus d'association-renforcement, et manifestent donc une très bonne mémoire. Ce n'est pas parce qu'elles ont une bonne mémoire qu'elles sont curieuses de tout, mais bien l'inverse.

On compare souvent ces associations à l'action de baliser le chemin pour indiquer à l'esprit le départ, les étapes et l'arrivée. Pour démultiplier vos capacités de mémorisation lorsque vous lisez un dossier ou un livre, revenez sur le texte de plusieurs manières et sous divers angles : en le commentant dans votre tête, en en parlant à voix haute, en faisant des recherches latérales sur des sujets connexes, en prenant des notes à la main, en l'organisant mentalement (catégories, sous-catégories, chapitres…).

[7] Certains outils de la méthode mental training sont expliqués plus en détail à partir de la p.69.

Par ailleurs, le sommeil a une très grande influence sur le processus de renforcement. En période d'apprentissage (ou d'examens), il est donc primordial de dormir suffisamment. Toute privation de sommeil est la garantie d'une perte de souvenirs.

Phase 6. Un rappel rapide et facile des souvenirs nécessite qu'ils aient tout d'abord été bien encodés, associés et renforcés. En marge de la mise à disposition des informations souhaitées, le rappel a cependant une fonction bien particulière, celle du renforcement sélectif du souvenir. De récentes études ont montré que le souvenir n'était pas un enregistrement figé, et classé dans le grand classeur de la mémoire. Le souvenir en lui-même est la trace d'un ensemble d'informations perçues, puis inconsciemment triées et interprétées en fonction de divers paramètres qui nous sont propres (nos croyances, nos convictions, nos peurs). Il est donc extrêmement subjectif et personnel, comme le montrent les versions souvent divergentes des témoins d'un même événement. Lorsque le souvenir est directement ou indirectement rappelé à notre conscience, il est alors réinterprété et réencodé dans sa nouvelle version. Ce n'est pas comme sortir un dossier d'un classeur, le consulter et le ranger tel qu'il était. Au contraire, à chaque rappel, le souvenir est réécrit, remodelé, réinterprété et rangé dans sa nouvelle version en effaçant la précédente. Une telle « malléabilité » de la mémoire est très intéressante en thérapie, pour donner un nouveau sens aux souvenirs d'un événement traumatisant. Mais elle montre aussi combien il importe de considérer avec la plus grande prudence ce dont nous sommes si sûrs de nous souvenir. Le « syndrome des faux souvenirs (voir p. 153) », bien connu des psychologues, en est une bonne illustration.

Afin de vous entraîner à une mémorisation objective, et d'éviter que vos interprétations, émotions ou préjugés ne remodèlent trop vos souvenirs (et vos perceptions initiales), attachez-vous à maintenir votre attention focalisée en permanence, catégorisez et hiérarchisez beaucoup les informations (catégories générales ou simples, sous-catégories, généralités et détails…) et, si nécessaire, prenez des notes claires et explicites. Un peu comme un pianiste qui lirait une seule fois une partition, puis devrait ensuite la jouer régulièrement sans l'avoir jamais relue. En conclusion, il faut prendre conscience que vous ne vous souvenez pas, vous interprétez vos souvenirs, alors prudence !

Clé n° 2 : les différents types de mémoire

Grâce à l'imagerie mentale, la classification des différents processus de mémorisation a, depuis quelques années, beaucoup évolué. On distingue aujourd'hui six formes de mémoire complémentaires, relativement indépendantes et en permanente interaction entre elles : sensorielle, perceptive, de travail, sémantique, épisodique, procédurale, et une forme mixte appelée « mémoire autobiographique ». La mémoire est donc une fonction globale, organisée au travers de ses nombreuses composantes. Ce n'est pourtant pas un bloc unifié mais plutôt un système complexe en permanente évolution, synergie et adaptation.

• **La mémoire sensorielle ou mémoire immédiate** (à très court terme) est un processus totalement transparent et inconscient, durant moins d'une seconde. C'est le lien entre le stimulus et sa perception par notre cerveau. Notre contrôle sur cette mémoire est pratiquement nul. On peut confondre cette mémoire sensorielle avec la perception elle-même, alors qu'elle n'est que la phase obligée pour acheminer les stimuli depuis le récepteur (oreilles, yeux, nez…) vers le cerveau.

• **La mémoire perceptive** enregistre les sons, les images et les perceptions sensorielles avant même que le cerveau leur donne un sens ou les reconnaisse. C'est la trace laissée par le percept avant son interprétation ou son identification (dans le cas d'un objet par exemple) ; il est donc possible de travailler à sa précision et à sa fiabilité. C'est un enregistrement « brut », dont la précision dépend de vos capacités perceptives et il n'est pas toujours facile d'y accéder consciemment. Votre coach mental utilisera l'hypnose et l'autohypnose pour vous permettre d'explorer cette forme de mémoire. Lorsque vous évoquez ou repensez à un souvenir, les percepts sont ravivés, et le souvenir est réécrit. Il ne s'agit plus de consolidation, mais du phénomène de réécriture et de malléabilité de la mémoire dont nous avons parlé précédemment.

• **La mémoire de travail** vous permet de retenir très temporairement une information, par exemple le numéro de téléphone que vous venez de lire et que vous allez composer. Cette information disparaît de 15 secondes à 5 minutes plus tard, sauf si vous renforcez le souvenir pour un stockage à plus long terme. Il existe diverses méthodes simples pour mobiliser ses ressources les plus efficaces afin de mémoriser le numéro : l'écrire une ou plusieurs fois, le lire et le relire, le répéter à voix haute, en faire une photo mentale... Mais sans un renforcement adéquat, toute trace de l'information stockée dans la mémoire de travail disparaît complètement dans l'heure suivante. Ce type de mémoire est comparable à une ardoise avec six à huit cases. Dès lors que ces cases sont pleines, il faut en effacer une pour y inscrire une nouvelle information. Sa capacité de stockage est très limitée, et elle est très sensible aux interruptions, interférences et distractions diverses. La mémoire de travail est indispensable à la fluidité des processus cognitifs, elle vous permet de retenir les informations nécessaires pour dialoguer et réfléchir en temps réel. Elle est aussi primordiale dans la représentation mentale que vous faites de votre présent. On y distingue trois formes : la boucle phonologique qui permet de retenir brièvement des suites de mots, le bloc-notes mental qui sert à explorer les images récentes et leur souvenir, et un administrateur central qui, selon les nécessités, gère les interactions entre les deux formes précédentes.

• **La mémoire sémantique** enregistre tout ce qui touche à votre connaissance du monde et de vous-même, ainsi que le sens de tout ce qui vous entoure. Elle ne garde pas trace du percept initial brut, mais mémorise le sens et l'interprétation que vous en faites. Elle ne conserve pas non plus trace du contexte ou du lieu dans lequel l'information a été mémorisée. C'est le rôle de la mémoire épisodique.

• **La mémoire épisodique** ou évènementielle stocke les événements liés à un contexte précis dans le temps et l'espace. Par exemple, un événement particulier survenu lors de votre anniversaire. Ce type de mémoire est très sensible aux émotions qui parasitent ou au contraire renforcent l'enregistrement.

• **La mémoire procédurale** enregistre les séquences motrices. C'est la mémoire des compétences (motrices, verbales ou cognitives). Faire du vélo est par exemple un apprentissage qui l'utilise.

• **La mémoire autobiographique** a un statut à part. Certains y voient une forme de mémoire autonome et d'autres, un mélange entre la mémoire sémantique et la mémoire épisodique. Elle stocke vos goûts, vos avis, et tout ce que vous pensez savoir de vous-même. Le souvenir commence par être stocké dans la mémoire épisodique. Puis la répétition des événements, en vous apportant une meilleure connaissance de vous-même, généralise le souvenir et le transfère dans votre mémoire sémantique. Cette répétition des événements, qui peut être externe (les événements) ou interne (vous y pensez, en parlez…), est la source du phénomène dit de « sémantisation du souvenir ». Ce processus de passage de la mémoire épisodique à la mémoire sémantique n'est pas limité aux informations de la mémoire autobiographique. Mais, dans ce cas particulier, il est très lié aux contextes émotionnels. Lors de sa sémantisation, le souvenir est souvent réécrit et déformé dans un sens en accord avec vos croyances, émotions, volontés profondes, désirs et préjugés.

Seules les mémoires sémantique, épisodique, procédurale et autobiographique ont la possibilité de stocker à long terme une trace mnésique.

Le processus commence par la perception et la transmission de l'information grâce à la mémoire sensorielle, puis à la mémoire perceptive. Ensuite, lorsqu'un sens est donné à cette perception, elle est stockée dans la mémoire sémantique. La mémoire épisodique enregistre alors le contexte et le lieu de l'apprentissage. Enfin, les répétitions externes ou internes renforcent la trace pour en faire un souvenir à long terme. Ce souvenir peut aussi disparaître à chaque étape s'il n'est pas suffisamment consolidé, utile ou associé. Bien que les formes sémantiques et épisodiques soient dissociées de la forme procédurale, l'automatisme et la répétition peuvent transférer un souvenir vers la mémoire procédurale. C'est par exemple le cas lorsque nous avons appris par cœur un numéro de téléphone (sémantique) que, à force de répétition, nos doigts le composent ensuite automatiquement (procédurale).

Clé n° 3 : les trois zones de la mémoire

Pour simplifier et mieux comprendre les processus, on peut virtuellement diviser la mémoire en trois zones. Cette vision est plus métaphorique que physiologiquement exacte, elle sert surtout de cadre de compréhension.

- **Zone 1.** La mémoire dite « active » comprend toutes les informations qui ont besoin d'être immédiatement accessibles quotidiennement, comme le vocabulaire courant, les dates et les souvenirs souvent remémorés.

- **Zone 2.** La mémoire dite « passive » où sont stockés les souvenirs rarement ou peu utilisés, les langues étrangères peu pratiquées, les numéros de téléphone, adresses, codes anciens. Tous les souvenirs dans cette zone peuvent facilement revenir dans la zone active en utilisant des associations volontaires ou involontaires, ou un léger réapprentissage.

- **Zone 3.** La mémoire dite « inconsciente », où sont refoulés les souvenirs désagréables, les traumatismes du passé. Ces souvenirs ne sont pas oubliés, ils sont enterrés, mais ils peuvent remonter, par exemple grâce à l'hypnose ou lors d'émotions fortes. Ils sont stockés là pour laisser la place à ce qui est utile ou permet à l'individu de se sentir bien. La faculté d'oublier est parfois aussi nécessaire que celle de mémoriser.

Les souvenirs n'ont pas une place fixe, ils oscillent entre ces différentes zones, et le temps a toujours tendance à les faire descendre de la zone 1 vers la zone 3 lorsqu'ils sont inutilisés. Mais il est possible de provoquer volontairement leur remontée dans la zone active à l'aide de stratégies mentales appropriées. Il est important de noter que ces schémas restent des modèles de compréhension et non de pures réalités physiologiques, puisque le souvenir est « stocké » dans les neurones qui ont accueilli les perceptions lors de sa création. Cette trace étant elle-même reliée à des correspondances au niveau de la flore intestinale et de la peau (nos deuxième et troisième cerveaux)[8].

Clé n° 4 : mémoire à court, à moyen et à long terme

La mémoire à court terme se limite majoritairement à la mémoire de travail et à la mémoire sensorielle. Entre mémoire à moyen terme et mémoire à long terme, la démarcation est intellectuelle bien plus que physiologiquement factuelle. Schématiquement, la mémoire à moyen terme concerne les faits récents, dont les souvenirs sont encore fragiles (par exemple, les propos échangés lors d'une conversation). La mémoire à long terme est constituée de souvenirs précédemment stockés dans la mémoire à moyen terme qui ont été consolidés, associés et renforcés.

[8] Voir les études de Nobuyuki Sudo, université de Kyushu, Japon, 2004 ; Catherine Rougeot, Institut Pasteur, 2011 ; Emeran Mayer et Kirsten Tillisch, université de Californie, 2001 ; la publication « Gut Feelings » dans *Nature Review Neuroscience*, vol. XII (8) ; Michael Gershon, *The Second Brain*, Éditions Harper, 1999.

Cette mémorisation à moyen ou à long terme met en œuvre les trois processus de base : l'encodage, le stockage et la restitution des informations. Le processus d'encodage comme celui du stockage jouent un rôle majeur dans la consolidation des souvenirs, et donc dans leur conservation à long terme. Plus se multiplient les indices et les associations lors de l'encodage, plus se créent des connexions possibles avec d'autres informations déjà stockées. Autant de clés qui vous faciliteront la remémoration.

Par la suite, la consolidation du souvenir s'améliore par les liens créés avec d'autres souvenirs. Plus un souvenir sera codé, élaboré, organisé, structuré, et surtout associé, plus il sera facile à retrouver.

Oublier une information est souvent la conséquence d'une faille dans l'une de ces étapes : mauvais encodage (rien à se rappeler), consolidation inopérante (aucun transfert de la trace mnésique dans les zones de mémorisation à moyen ou à long terme), mauvais mécanismes mis en jeu lors de la remémoration (désorganisation ou trop grande sensibilité aux interférences).

Clé n° 5 : développez votre acuité sensorielle

Jeux de mémoire. Chaque personne possède des « mémoires », telles des bases de données qui, avec le temps, ont été emmagasinées, enregistrées. Il est particulièrement utile de mettre au point des stratégies mémorielles pour facilement :

- affiner votre processus de mémorisation à chaque étape pour une plus grande précision ;
- avoir une action directe consciente sur la ramification de vos réseaux neuronaux pour une meilleure créativité ;
- augmenter vos aires cérébrales liées aux activités qui vous plaisent le plus ;
- renforcer vos capacités jour après jour.

Comment se servir de cette capacité mémorielle ? En étudiant la partie finale du processus « Enregistrement et restitution[9]» , la mémoire apparaît comme une succession d'étapes – perception, appréciation, qualification et enregistrement – dont il est possible d'améliorer le rendement et l'acuité.

Phases	Organes en jeu	Actions	Pour optimiser
Perception	Sens	Transmettre une information fiable au cerveau	Affiner la perception sensorielle
Appréciation	Cerveau	Isoler le phénomène	Introspection et focalisation
Qualification	Cerveau et un peu le corps	Comparer et mettre en mots	Développer la palette de qualificatifs
Enregistrement	Cerveau et un peu le corps	Modélisation, renforcement, intégration	Utiliser le sommeil

Comment affiner la perception sensorielle ? Depuis la nuit des temps, l'homme doit sa survie à sa faculté de constituer mentalement, grâce aux briques que sont ses sens, une représentation de son environnement, pour l'appréhender et évoluer vers une certaine forme de maîtrise. De plus, les hormones sécrétées lors des stimuli sensoriels sont devenues indispensables à notre équilibre physiologique et psychologique – sans stimulation sensorielle, un bébé meurt en quelques semaines après s'être refermé sur lui-même.

Votre capacité à capter des détails et des informations qui échappent aux autres spectateurs sera l'une des clés majeures de vos capacités mentalistes. Elle vous permettra de comprendre profondément vos interlocuteurs, de détecter immédiatement les mensonges... Tout mentaliste est un véritable détecteur de micro- et de macrocomportements inconscients. Cette habileté primordiale est à la portée de tous et ne nécessite qu'un peu d'entraînement.

[9] Voir la phase 5 du schéma *Différentes étapes du processus mémorisation-rappel*, p. 56 et p. 59.

Aussi devenir hypersensoriel va rapidement vous permettre :

• De voir ce que vous ne pensiez pas voir : si chaque espèce animale perçoit son spectre lumineux visible et invisible propre, par défaut d'attention, d'exercice ou par ignorance, nous n'exploitons que très grossièrement notre capacité visuelle. Nous pouvons, avec de l'entraînement, reconnaître des nuances de couleurs très fines, ou encore enregistrer dans le moindre détail – en vision périphérique – des scènes complètes pour les reconstituer fidèlement longtemps après (technique de photo mentale).

• D'entendre ce que vous ne pensiez pas entendre : extrêmement sensibles, tympan, marteau et enclume ne doivent pas être inconsciemment endommagés – par des écouteurs de mauvaise qualité poussés au maximum par exemple. Ainsi, isoler et reconnaître les différents instruments dans une symphonie orchestrale, ou une voix lors d'une soirée bruyante, sont aisément à votre portée pour peu que vous focalisiez votre attention.

• D'augmenter votre proprioception par le toucher : riche de millions de cellules nerveuses, la peau est le plus large organe de notre corps. À vous d'explorer sur chaque centimètre carré ce véritable complexe sensoriel, loin d'être uniquement localisé au bout des doigts.

• De goûter plus finement : les papilles gustatives – différentes selon les parties de la langue –, l'intérieur des joues et le palais peuvent vous fournir des informations particulièrement précises et enrichissantes. En revanche, de même que le tabac, les aliments trop gras recouvrent l'intérieur de la bouche d'une pellicule qui empêche de capter les arômes plus subtils. Même constatation pour le sucre blanc, qui anesthésie la sensibilité.

• De sentir des odeurs que vous ne sentiez pas : d'autant plus important que les nerfs olfactifs sont les seuls de votre complexe sensoriel à être directement « câblés » pour renseigner l'archéocortex (voir p. 153) et induire des réactions instinctives de nos centres moteurs sans passer par les filtres conscients.

De plus, l'activation et le renforcement des centres reptiliens[10] va augmenter de façon globale vos perceptions.

[10] Par les mouvements d'activation des centres reptiliens enseignés en formation par l'auteur et décrits dans *Devenez la meilleure version de vous-même, op. cit.*

Voici une liste non exhaustive de techniques à utiliser pour développer vos sens, enrichir votre base de données mémorielle et devenir hypersensoriel :

SENS	Pour optimiser
VUE	Repérez les formes, les reliefs, les textures, les motifs Utilisez au maximum la vision périphérique Plissez les yeux pour mettre en valeur formes et contrastes Admirez régulièrement des œuvres d'art considérées comme des chefs-d'œuvre Passez de la vision des détails au plus près à la vision d'ensemble Étudiez les styles vestimentaires de différentes cultures Éclairez-vous à la bougie, utilisez différentes lumières colorées, tamisées, etc. Consultez un ophtalmologiste pour contrôler votre acuité
OUÏE	Écoutez des musiques de tout style (classique, de film, musiques traditionnelles aux gammes diverses, rock, etc.) Jouez de et avec toutes sortes d'instruments Appréciez le silence Écoutez la musique non compressée, donc surtout pas en MP3 Prenez conscience du bruit environnant Faites-vous « nettoyer les oreilles » par un professionnel
TOUCHER	Habillez-vous avec différentes matières – soie, velours, coton, lin... Laissez respirer votre peau Exfoliez très régulièrement les cellules mortes de la peau Enlevez la corne et les peaux dures Testez différentes textures de crèmes, d'huiles de massage – uniquement des produits naturels et bio
GOÛT	Testez des cuisines exotiques Variez les épices et les herbes aromatiques Lavez votre langue avec un gratte-langue Arrêtez de fumer ou, mieux, ne commencez pas ! Allez voir un professionnel pour entretenir une bonne hygiène buccale Évitez la consommation régulière d'alcools forts Testez des thés verts de bonne qualité Apprenez à apprécier les arômes plus subtils Revenez aux produits simples, de bonne qualité, non transformés Arrêtez la consommation de produits contenant du sucre blanc ou des édulcorants Utilisez du sel non transformé (fleur de sel)

ODORAT	Testez différents parfums Lavez votre nez régulièrement à l'aide d'un pot de « neti » Évitez les pollutions aériennes Sentez vos aliments avant de les manger Amusez-vous à sentir les textiles, les papiers, les livres anciens Allumez des bougies naturellement parfumées

À vous d'explorer maintenant votre quotidien pour y découvrir d'autres opportunités de développement.

Prendre le temps d'apprécier. L'appréciation passe par une focalisation sur vos perceptions sensorielles qui vous sont propres et uniques. Ainsi, dire « le » goût du chocolat ou « la » couleur verte peut être considéré comme un abus de langage, chacun aura « sa » perception du goût du chocolat et « sa » perception de la couleur verte.
De votre aptitude grandissante à connaître et à reconnaître ce que déclenche en vous un parfum, un goût, une sensation physique dépend l'évolution de vos capacités de mémorisation.
La puissance du mot juste. Au même titre que nous gaspillons les possibilités offertes par notre spectre sensoriel, nous sommes très loin d'explorer toute la richesse du vocabulaire de notre langue maternelle. Or, apprendre à exprimer en nuances et en détail est aussi indispensable pour améliorer notre capacité à percevoir et à mémoriser. Les livres sont une source riche de vocabulaire. Lire quotidiennement quelques pages, d'un roman, d'une description scientifique, d'une brochure de voyage, et notre champ lexical s'enrichira dans de multiples domaines. Un champ lexical riche entraîne le mental à percevoir avec de plus en plus de précision et lui permet d'enregistrer la « nuance » en nommant spécifiquement ce qu'il vient d'identifier.
Consultez des dictionnaires ou des encyclopédies pour des définitions précises, ou pour connaître l'étymologie de certains mots ou encore pour découvrir de nouveaux mots, et tentez de vous en servir. Il ne s'agit pas tant de vous exprimer avec un vocabulaire renouvelé sans en saisir les subtilités que d'augmenter la nuance de vos appréciations, donc de vos processus de perception.

Récolter les fruits de votre mémoire. Votre mental accumule chaque jour, consciemment et inconsciemment, des milliers d'informations nouvelles pour alimenter votre base de données sensorielles. Il est donc nécessaire de ménager régulièrement des périodes sans nouvelles informations afin de renforcer l'enregistrement de ce qu'il a emmagasiné. C'est l'un des rôles dévolus à certaines périodes du sommeil : permettre aux parties inconscientes du mental de revivre les événements de la journée, de classer les idées, de modéliser des concepts, de faire des associations. Tout apprentissage passe par une phase de répétition consciente et par des phases de renforcement durant le sommeil afin d'« engrammer » plus solidement le souvenir – pour le sémantiser (transférer de la mémoire épisodique à la mémoire sémantique) ou le rendre procédural (transférer de la mémoire sémantique à la mémoire procédurale).

Votre sommeil est une phase d'activité tellement intense pour votre cerveau qu'il est alors souvent plus actif que pendant les phases d'éveil. Ainsi, certaines entreprises, en précurseurs, proposent des mini-siestes à leurs employés afin d'optimiser le rendement.

Durant les phases de sommeil profond, les informations mémorisées sont mises en relation – associées – avec d'autres expériences passées.

De sept à huit heures de sommeil par nuit, soit environ cinq ou six cycles, sont nécessaires à un être humain. Il faut attendre la seconde moitié de la nuit, soit quatre ou cinq heures après l'endormissement, pour que le cerveau se livre majoritairement à l'exercice indispensable au renforcement de la mémoire : rêver. Cette phase, appelée « sommeil paradoxal » ou « sommeil REM[11] », est vitale pour l'équilibre mental, pour la régénération, pour le renforcement des souvenirs et permet d'effectuer des milliers d'opérations bloquées à l'état de veille. Pendant la nuit, l'intégralité du liquide céphalo-rachidien dans lequel baigne le cerveau pour sa protection est progressivement aspirée, filtrée, nettoyée des déchets journaliers et des radicaux libres, régénérée et réinjectée pour un fonctionnement optimal[12].

[11] Le processus de « renforcement » peut être particulièrement long puisque les souvenirs mettent approximativement vingt et un ans à être définitivement « renforcés ».

[12] Le record du monde de la plus grande durée sans sommeil est de onze jours (264 heures).

FAITES LA SIESTE !

Vingt minutes suffisent pour vous reposer et vous redonner du dynamisme sans difficulté de réveil – physique ou cérébrale – ou phénomène d'inertie post-sommeil. Prolongée au-delà de 45 minutes, votre sieste passe par des formes de sommeil profond, dit « à ondes lentes », votre réveil risque d'être un peu plus difficile, et votre endormissement le soir venu, plus long. Fixez une plage quotidienne de « repos » à heure fixes– entre 14 heures et 15 heures est idéal – et n'hésitez pas dans la journée, si le besoin se fait sentir, à mettre votre cerveau en mode « repos » durant une petite dizaine de minutes.

Les meilleurs amis de votre mémoire. Le cerveau est conçu pour deux tâches : résoudre des problèmes et mémoriser pour apprendre. Organe particulièrement évolué, représentant 2 % de poids du corps, il consomme 20 % de votre carburant vital, le glucose. Malgré une relative fragilité, sa sophistication nous a permis de régner – pour le meilleur et surtout pour le pire – sur la planète. Deux spécificités en font un organe exceptionnel :

• La plasticité cérébrale : une allocation dynamique des aires cérébrales se fait en fonction des préférences, des besoins et des habitudes de chacun. Ainsi, celui qui fait beaucoup de mots croisés verra les aires impliquées dans cette activité se développer de façon plus importante au détriment des aires peu sollicitées. Et il en est de même quelles que soient les activités. De plus, si certaines aires sont localisées spécifiquement, le cerveau pourra, si nécessaire – à la suite de certains traumatismes liés à des accidents par exemple –, reconstituer ailleurs la partie lésée et développer de nouvelles connexions pour retrouver progressivement les capacités perdues (langage, mémoire, motricité, sensorialité, etc.).

• La neurogenèse : on a longtemps cru que le cerveau possédait, à la naissance, un nombre de neurones diminuant inexorablement avec l'âge, dégradant inéluctablement nos capacités mentales, cognitives et mémorielles, sans possibilité de retour vers cette jeunesse cérébrale perdue. Nous savons aujourd'hui que le cerveau fabrique en permanence de nouveaux neurones au rythme des besoins, c'est le processus dit « de neurogenèse ». En s'exposant en permanence à la nouveauté, à des stimulations sensorielles variées, à des casse-tête et à des énigmes… chacun peut naturellement densifier les chemins neuronaux et optimaliser ses capacités mentales.

Extrêmement adaptable, performant et sensible aux contextes, le cerveau requiert une attention toute particulière et une véritable compréhension des effets de l'alimentation sur ses performances :

• **acides gras :** le cerveau est constitué en grande partie de gras (cholestérol), favorisez donc les sources de « bonnes » graisses non saturées et non « trans » comme les fruits secs oléagineux, les poissons gras – bio de préférence, afin d'éviter les substances toxiques –, les avocats, les huiles d'olive, de colza… ;
• **fruits et légumes colorés (vitamines A, B, C, etc.) :** le cerveau est un grand consommateur de glucose (sucre) et les fruits sont un apport important de sucre naturel (fructose), de fibres, d'eau et de vitamines. En outre, leur action antioxydante va contribuer à le débarrasser des radicaux libres, déchets particulièrement néfastes de la combustion du glucose ;
• **boissons alcoolisées, tabac, pesticides, micro-ondes et abus de médicaments**, ainsi que tous les métaux appelés « éléments traces métalliques » (sels d'aluminium, notamment incriminés dans les maladies de dégénérescence cérébrale type Alzheimer) sont de véritables poisons à éviter absolument.

Clé n° 6 : renforcer pour mieux enregistrer

Réviser, réviser, et réviser… Le principe de la révision est un autre moyen privilégié pour consolider le souvenir. C'est une forme de répétition utilisant différents canaux sensoriels. De nombreuses stratégies mentales sont applicables ici. Les événements émotionnellement forts laissent une meilleure trace. Dans un contexte d'apprentissage normal, une ambiance sympathique, décontractée, sereine et ludique aura une très bonne influence, à condition que vous soyez de bonne humeur, car votre état donne une coloration plus ou moins bonne à votre souvenir quel que soit le contenu factuel. Vos émotions et votre état modulent l'expérience subjective de vos souvenirs. Une humeur négative donnera un souvenir négatif, et inversement. Il en est de même lors des processus de renforcement, ils sont plus ou moins colorés par votre état lors de leurs réécritures successives.

Pour faciliter et démultiplier vos résultats, utilisez les CD de textures sonores adaptés[13] à la concentration.

Déclencheurs mentaux et conditionnement (voir aussi p.81). Vous pouvez aussi programmer votre propre déclencheur mental « perméabilité et apprentissage ».

Si le meilleur canal pour accéder à vos propres souvenirs est le canal visuel, lors de vos révisions vous allez au contraire utiliser un maximum de canaux différents pour le même apprentissage. Par exemple :

- Répétez à voix haute les textes après les avoir lus, et interprétez-les théâtralement.
- Écrivez un résumé ou une synthèse en répondant aux questions : qui, quoi, quand, où, comment et pourquoi.
- Faites des recherches sur des sujets connexes et parallèles.
- Visualisez les images provoquées par le texte, et imaginez-en la succession.
- Classez et créez une hiérarchie de titres, sous-titres, catégories, sous-catégories… pour structurer logiquement l'ensemble des informations.
- Utilisez la méthode du SQ3R, créée par Francis Pleasant Robinson en 1946 : Survoler, Questionner, Repérer, Répondre, Résumer. Survoler le texte rapidement. Vous poser des Questions en reformulant interrogativement les principales parties du texte. Repérer les structures en le hiérarchisant. Répondre aux questions que vous avez posées. Résumer mentalement le texte en quelques idées maîtresses.
- Attachez-vous à bien comprendre les informations acquises pour assurer une bonne intégration et modélisation.

[13] Voir les types de textures sonores, p. 124 et p. 159.

• Dès que possible, mettez en pratique vos connaissances nouvelles pour favoriser l'apprentissage.

Technique : associations à but remémoratif. Pour améliorer votre mémorisation, vous allez utiliser des méthodes de renforcement et d'organisation, fondées sur les associations : elles consistent à lier entre elles des informations. Leur principe est d'associer d'autres indices aux caractéristiques propres de l'information à retenir puis de tisser un réseau de liens entre elles. L'information est alors mieux encodée, donc le souvenir rapidement consolidé.

Ainsi, pour mieux vous souvenir de votre code de carte bancaire, par exemple le 3369, associez les chiffres à des numéros de département, le 33 pour la Gironde et le 69 pour le Rhône. Lorsque vous composerez votre code, vous repenserez aux deux départements à vous souvenir. Ensuite, dans un second temps, votre mémoire va transférer l'information dans la mémoire procédurale, et le geste deviendra un automatisme.

Une autre technique d'association consiste à lier les informations entre elles par une histoire, même si ces éléments en question n'ont aucun rapport entre eux. C'est une astuce efficace pour retenir une courte liste de mots. L'exemple de la phrase mnémotechnique « Mais où est donc Ornicar ? » enseignée à l'école grave à jamais les conjonctions de coordination « mais », « ou », « et », « donc », « or », « ni » et « car » dans la tête des élèves. La même méthode sera utilisée pour vous souvenir d'une liste de chiffres aléatoires.

Il est en général plus facile de se souvenir d'une grande suite de chiffres en la décomposant en petites séquences de nombres successifs. C'est très efficace pour les numéros de téléphone présentés sous la forme 01 2345 6789 au lieu de 01 23 45 67 89.

Pour faciliter votre enregistrement, au cours de l'histoire, faites quelques pauses mentales pour visualiser les tableaux successifs. En général, pour être convenablement gravée, une évocation mentale doit se prolonger pendant 15 à 20 secondes au minimum. Certaines personnes pourront, avec de l'entraînement, réduire ce temps. Comme avec toutes les techniques d'association, plus l'histoire ou l'image est

personnelle, riche en émotions, originale, comique, surréaliste… plus vous l'enregistrez facilement et durablement. Vous inclure dans l'image est aussi un facteur favorisant le processus.
Le contexte est important durant une association. En veillant à travailler dans une ambiance décontractée et sereine, vous démultiplierez vos résultats. Pensez aussi à votre humeur, et combien elle colore l'expérience subjective de vos souvenirs et de vos associations puisque, lorsque l'être humain voit des visages pour la première fois, il les mémorise beaucoup plus facilement quand ils sont souriants (qu'ils soient considérés comme « beaux » ou pas).
Pour ne plus oublier vos clés, vos lunettes, votre carte bancaire, associez-leur une place permanente et, chaque fois que vous les rangez, prenez quelques secondes pour faire une photo mentale de votre geste (voir plus loin). Soyez présent dans votre mouvement et restez concentré sur ce que vous faites sur le moment.

Enfin, l'une des stratégies d'association la plus facile à mettre en œuvre est de lier une tâche à retenir à un indice que vous allez à coup sûr rencontrer dans les heures qui vont suivre. Une sorte d'élément déclencheur. Par exemple, imaginez que vous êtes au travail, vous voulez vous souvenir d'acheter du pain complet bio, des yaourts au soja et du saumon sauvage, ce soir en sortant du bureau. Localisez mentalement un endroit par lequel vous allez forcément passer : la porte de l'ascenseur, l'arrêt du bus ou la portière de votre voiture. Maintenant, associez les courses à faire (saumon, pain et yaourts) à la porte de l'ascenseur par une image comique et surréaliste. Visualisez-vous devant cette porte lorsqu'elle s'ouvre. Imaginez une armée de saumons de taille humaine, sortant à toute vitesse de la cage d'ascenseur en brandissant une baguette de pain, et hurlant « Yaouuuuuurt, yaouuuuuurt » (qui est comme chacun le sait le cri de guerre de tout saumon sauvage un tant soit peu bien élevé). Prolongez cette visualisation en détail pendant 30 secondes. Le souvenir est gravé. Ce soir, lorsque vous serez devant l'ascenseur, l'image vous reviendra automatiquement pour vous remémorer les courses à faire. Cette technique peut être étendue à tous les domaines.

Technique : les loci. *Loci* est le pluriel du mot latin *locus*, qui signifie « lieu ». Cette méthode peut être considérée comme une variante simple de la méthode précédente. Au lieu de mémoriser 20 clés de base, vous allez utiliser comme points de repère une série de lieux familiers. Élaborez un parcours imaginaire dans votre maison. Par exemple : porte d'entrée du jardin, allée qui mène à la porte d'entrée, hall d'entrée, couloir, salle à manger, salon, bureau 1, bureau 2, chambre 1, salle de bains 1, cuisine, buanderie, chambre 2, WC, escaliers, chambre d'amis à l'étage, bibliothèque, salle de méditation et dojo, grand bureau, salle de bains 2. Ce parcours devra être toujours le même. Chaque pièce vous sert de clé. Pour vous rappeler un premier objet, vous faites une association mentale avec la première étape de ce parcours imaginaire. Ici avec la « porte d'entrée du jardin ». Pour vous rappeler le deuxième objet, vous faites une association mentale avec la deuxième étape de votre parcours imaginaire. Ici avec l'« allée qui mène à la porte d'entrée ». Ainsi de suite.
En vous représentant dans une pièce chaque objet de la liste à apprendre, vous pourrez successivement vous remémorer toute la liste. Il est aussi possible d'étendre le principe et d'augmenter le nombre de clés en imaginant en plus un parcours dans chaque pièce. Par exemple, au lieu de créer une seule clé « salle à manger », décomposez-la en plusieurs étapes. Sur le sofa, sur la télévision, à côté de la chaîne hi-fi, sous le piano, sur la table basse, sur le bar…
Ce principe associatif vous permet aussi de retenir les noms et prénoms de vos clients ou rencontres. Il suffit d'associer leur prénom ou leur nom à une image, de préférence caricaturale et drôle, et de la visualiser en surimpression sur son visage ou corps en répétant mentalement ou à haute voix nom et prénom.

Technique : l'enregistreur mental. L'optimalisation de vos capacités mémorielles progressera d'autant plus rapidement que votre maîtrise des étapes successives de la mémorisation vous éclairera d'une compréhension procédurale. Dans le cadre de mes formations, j'ai enseigné certaines techniques mentalistes particulièrement spectaculaires comme le « Dictaphone mental », qui me permettait, il

y a une quinzaine d'années, de faire la démonstration suivante : j'apprenais par cœur, en 20 minutes, l'intégralité du journal du jour, petites annonces incluses.
Imaginez que vous enregistrez une conversation comme si vous étiez un Dictaphone : le ton de la voix, les variations de volumes, les hésitations, les mots exacts utilisés, les pauses et les silences, etc.
Votre cerveau peut se plier à cet exercice de quelques minutes à presque 1 heure, pour les plus doués. Les parties conscientes n'étant plus adaptées à une telle prouesse, faute d'entraînement, cela nécessite certaines conditions favorisées par un travail régulier mettant en jeu divers états de conscience modifiée (Alpha, Epsilon). L'ensemble de ces souvenirs peut être ensuite, au choix, évacué au bout de quelques heures ou mémorisé, partiellement ou en totalité, à long terme. Cette méthode ne peut être utilement décrite ici, car elle nécessite la maîtrise de tout un ensemble de techniques complémentaires et préparatoires. C'est l'équivalent en mode « auditif » des « photos mentales » utilisées par les experts mnémonistes. Le canal auditif est, dans la vie courante, moins saturé d'informations utilisées consciemment et permet plus facilement des enregistrements en continu. Vous pourrez avec l'entraînement ajouter l'« image » à votre Dictaphone, et devenir une caméra mentale enregistrant plus d'informations : images, couleurs, fonds, mouvements, décors, costumes, lumières, etc.

Hypnomentalisme[14]

Débarrassez-vous de vos comportements handicapants et programmez vos déclencheurs mentaux

À quoi vont vous servir les déclencheurs mentaux ?

- Vous débarrasser de tout comportement limitant ou préjudiciable, voire nuisible, comme les addictions (tabac, alcools, drogues).

[14] Extrait du manuel des formations certifiantes PDC en mentalisme et coaching mental.

• Contrôler vos actes compulsifs et/ou des phobies (eau, avion, hauteur, araignées etc.), des crises de boulimie, des accès de colère excessive et autres comportements pulsionnels.
• Choisir votre vie, ne plus la subir, et maîtriser vos actions pour devenir la meilleure version de vous-même.
• Augmenter votre réussite et votre efficacité dans tous les domaines (professionnel, intime, sportif, personnel, familial, etc.).

Que sont-ils ?

Technique exploitée dans de nombreuses thérapies brèves (hypnose ericksonienne, PNL), la « reprogrammation » est un concept majeur en psychologie cognitive. Bien que le mentalisme de vie n'ait pas de visées thérapeutiques et s'axe sur l'optimisation de votre potentiel, vous allez vous-même programmer des états internes – comme des ressources de type endurance, résistance, concentration, décontraction, calme ou n'importe quel comportement – et des portes d'accès à ceux-ci en fonction de vos besoins et de vos envies.

« Programmer » indique, ici, mettre en place des déclencheurs, des interrupteurs secrets, qui vous donnent accès immédiatement et secrètement à des états intérieurs programmés (sérénité, assurance, calme, colère…), telle une base de données de comportements préenregistrés. Ces déclencheurs peuvent être librement adaptés à votre situation personnelle (mot, geste, son, odeur, goût, vision d'un objet, etc.).

Ces déclencheurs conscients et volontaires peuvent servir à déprogrammer d'autres conditionnements involontaires ; vous pourrez les utiliser avec succès pour vous débarrasser efficacement et rapidement d'addictions, de phobies et autres comportements autopréjudiciables ou non désirés, tout simplement en programmant des comportements antagonistes.

Qui peut en bénéficier ?

Tout le monde ! Car nous sommes tous sollicités quotidiennement, dans toutes sortes de situations, que cela soit à un niveau personnel : une rencontre amoureuse, pour garder ses moyens et paraître sous son meilleur jour (premier rendez-vous, confiance en soi, etc.) ; dans sa voiture, pour garder son calme et sa sérénité au volant (embouteillages, situations dangereuses, etc.) ; un discours lors d'un repas de famille, où il est important de faire bonne impression. Ou que cela soit au niveau professionnel : un commercial qui doit garder son sang-froid lors de certaines phases sensibles d'une négociation, sous peine de faire échouer une vente pourtant très bien engagée ; un étudiant qui, lors de son oral, doit résister à la pression du jury; un artiste qui passe un casting ; une jeune diplômée en recherche d'emploi, pour réussir l'entretien d'embauche.

Bref, des « incapacités temporaires » et des « pertes de moyens » pourtant minimes en apparence peuvent avoir des conséquences lourdes sur votre vie présente et à venir. Mais vous avez en vous des états mentaux, dits « états de ressource », de succès et pouvez les actionner à volonté grâce à vos déclencheurs !

Le processus se déroule en quatre étapes : choisir l'état à programmer ; le revivre ; y associer le déclencheur ; renforcer l'association artificiellement par la répétition ou naturellement en faisant appel au déclencheur. Différenciez bien l'état mental, qui est le comportement ou l'émotion à programmer, et le déclencheur, qui est le geste ou le stimulus que vous exécutez consciemment et qui, tel un interrupteur, déclenche l'état mental souhaité.

Quel état mental programmer ?

La première étape consiste à identifier et à sélectionner une situation dans laquelle vous souhaitez développer un comportement plus positif que celui que vous avez habituellement et qui soit écologique avec vos objectifs. Voici quelques exemples :

Situation d'échec	Comportement préjudiciable	Comportement souhaité	État mental à programmer
Un jeune homme flirte avec une jeune femme	Parle sans cesse car stressé par l'enjeu imaginé	Écouter attentivement car serein, et projeter une image favorable	Sérénité, bien-être, assurance, estime de soi
Un sportif de haut niveau lors d'un championnat	Doute de ses capacités lorsqu'il regarde son adversaire	Rester concentré jusqu'à la victoire certaine. Intimider l'adversaire	Confiance en soi, concentration, focalisation
Une personne dont la santé se détériore, elle s'essouffle facilement	Fume, mange trop gras, trop salé et trop sucré	Résister à la pulsion régressive qui fait céder à la facilité du fast-food, et à la cigarette	Vision de lui-même débarrassée de ces addictions dans l'avenir. Engagement infaillible et détermination
Un acteur pas crédible dans ses émotions	Ne ressent pas les émotions assez intensément sur commande	Réussir à réellement vivre une émotion sur commande, pleinement	Au choix : colère, joie tristesse, bonheur, timidité…

Vous avez à présent sélectionné l'« objet » de votre premier déclencheur et êtes prêt pour sa programmation, c'est-à-dire l'enregistrement de l'« état mental souhaité » dans votre « base de données des comportements disponibles sur commande ».

Comment enregistrer un état mental ?

Vous allez tout simplement faire appel à ces capacités imaginatives d'évocation mentale naturellement présentes en vous. Pour l'enregistrer, il faut tout d'abord éprouver l'état mental souhaité :

- Au moment précis où vous vivez un état mental intense, ou particulièrement intéressant, de manière impromptue, dans une situation de la vie courante. Ce n'est pas toujours facile car la démarche de l'enregistrement risque de vous éloigner de l'état lui-même.

• Grâce à votre imagination – et à l'évocation mentale –, vous vous (re)plongez *a posteriori* dans un état que vous avez déjà vécu ou que vous créez virtuellement. Dans vos premiers essais, privilégiez et utilisez cette technique plus simple.

Après avoir éprouvé l'état mental souhaité, vous allez l'amplifier : il sera d'autant plus efficace – lorsque rappelé ultérieurement par votre déclencheur – qu'il aura été enregistré à son niveau d'intensité maximale. Ainsi, pour intensifier l'état mental sélectionné, vous pouvez :

• Revivre cet état déjà vécu en l'évoquant mentalement[15], de façon plurisensorielle (sons, images, goûts, odeurs, sensations physiques).

• Pratiquer les exercices de respiration[16] pour optimiser votre état lors de son enregistrement.

De l'efficacité de cet enregistrement dépend la suite. Avant de passer à l'implantation du déclencheur mental, étape plus technique, prenez le temps de vous perfectionner dans cette étape primordiale.

Comment implanter le déclencheur mental ?

L'implantation de votre déclencheur requiert une gymnastique mentale pratiquée avec davantage de bénéfices en sessions quotidiennes et peu de temps avant de vous endormir. L'implantation prendra environ deux semaines, pour des années de bénéfices et une démultiplication des effets à chaque renforcement, et à chaque rappel réussi !

Les trois étapes sont :

• **Déterminez librement votre déclencheur :** mot simple, phrase, décompte, geste, odeur, morceau de musique, n'importe quel autre stimulus sensoriel. Soyez vigilant lors de votre choix, certains stimuli sensoriels trop simples, ou

[15] Voir chapitre sur l'évocation mentale, p. 87.

[16] Focalisante, relaxante, énergisante, décrits dans *Devenez la meilleure version de vous-même, op. cit.*, p. 296 et suiv.

banals – par exemple « allô », un panneau « sortie », une sonnerie –, pourraient être perçus au quotidien et déclencheraient du coup votre état mental associé de façon inopinée.
Privilégiez les déclencheurs où vous êtes actif, comme un petit geste secret, plutôt qu'un déclencheur passif, comme une odeur ou un morceau de musique à entendre.

• **Revivez intensément l'état mental à programmer :** concentrez-vous sur cet état mental sélectionné et évoquez-le mentalement avec tous vos sens, de façon volontaire et totale, en vous aidant des exercices de respiration adéquats. Associez-y le déclencheur en exécutant votre stimulus secret au moment où votre évocation est la plus intense.

• **Intensifiez cet état mental en boucle en répétant le déclencheur :** alors que votre évocation mentale devient de plus en plus en plus intense (vision plus grande et en relief, sons plus forts, plus détaillés, etc.), répétez votre déclencheur.
Cette gymnastique mentale – évoquer mentalement tout en répétant votre déclencheur – est susceptible dans les premiers essais de parasiter l'intensité de votre enregistrement. Recentrez votre attention sur votre état mental et l'évocation mentale de celui-ci, uniquement. Il est indispensable de vous entraîner autant que nécessaire et de vous habituer à ajouter le déclencheur sans perturbation.

Pour que votre enregistrement soit effectué de façon optimale :
• entraînez-vous au minimum tous les deux jours, avec régularité, pendant deux semaines ;
• faites des séances de 10 minutes sans interruption ;
• implantez un seul déclencheur mental à la fois ;
• ajoutez ou privilégiez les sessions avant de vous endormir.

Évocation mentale et action-influence à distance

Qu'est-ce que l'évocation mentale ?

Tous les jours, souvent « à l'insu de votre plein gré », des scénarios sont imaginés, vécus ou revécus dans votre mental. Ces « films multisensoriels » peuvent être pour vous encourageants, facilitants ou au contraire handicapants, angoissants et paralysants. Qu'ils soient favorables ou non, ils programment et induisent vos comportements et réactions futurs. Vous allez donc mettre à profit cette tendance naturelle inconsciente pour amener vos ressources, vos capacités latentes et vos processus mentaux à œuvrer dans le sens que vous choisissez, et non plus contre vous.

L'évocation mentale va faire appel à votre imagination pour construire et modeler votre univers mental intérieur en toute conscience et maîtrise. Cet univers qui s'offre à vous vierge et sans lumières, derrière vos paupières, dès que vous fermez les yeux. Vos sens, qui quotidiennement vous apportent toutes les informations pour construire une représentation de ce qui vous entoure et devenir votre « réalité », vont vous permettre ici de vous fabriquer une réalité intérieure dirigée et favorisante. En y intégrant des sons, des odeurs, des goûts, des sensations physiques, elle va devenir tout aussi réaliste et réelle, si ce n'est plus – comme dans votre sommeil REM – que la réalité extérieure.

La clé de votre réussite est une évocation mentale assez puissante pour que vous puissiez ouvrir les yeux et projeter, telle une hallucination provoquée volontairement, votre réalité construite sur la réalité perçue.

Attention cependant, l'évocation mentale est souvent, par abus de langage ou simplification extrême, nommée à tort « visualisation ». Cela peut porter à confusion, car la visualisation est notre faculté de former inconsciemment des images et des représentations visuelles de notre pensée. Alors que l'évocation est un processus conscient de création maîtrisée et multisensorielle.

Quels sont les résultats ?

Bien qu'uniquement issus de votre mental, les effets de votre évocation seront d'autant plus réels qu'elle sera multisensorielle : au niveau physique et physiologique (hormonal, respiratoire, cardiaque, etc.), au niveau mental (stimulation de vos capacités latentes et ressources internes), au niveau des plans inconscients (stimulation des plans mémoriels, psychiques, essentiels, etc.).

Le concept de l'évocation mentale est donc particulièrement simple : créer de toutes pièces une réalité intérieure virtuelle, avec une telle puissance de conviction que, telle une « télécommande », elle va activer en vous vos capacités latentes et vos ressources les plus enfouies afin de rendre réel ce qu'au départ vous n'avez qu'imaginé.

Les bénéfices de cette pratique seront tout simplement à votre mesure ou à votre démesure : c'est votre réalité virtuelle, vous êtes l'artiste, le créateur tout-puissant !

Cet exercice va devenir une seconde nature et vous pourrez, par vos évocations, induire mentalement et efficacement, tout en discutant ou en effectuant des activités diverses, des gestes, des pensées, des comportements chez vos interlocuteurs dans un contexte :

- professionnel (consultations, négociations, entretiens, etc.) ;
- personnel (séduction, gestion de crises, intervention orale, etc.) ;
- sportif (compétition, entraînement, rééducation, etc.).

Vos interlocuteurs ne seront que très rarement conscients du processus, mais percevront plutôt – pour les plus fins – comme un rayonnement qui les atteindrait et engagerait leurs capacités vers vos objectifs.

Comment maîtriser l'évocation mentale ?

Prendre conscience de ce nouveau domaine qui s'ouvre à vous est une étape évidente et essentielle… Puis va venir le temps des premiers essais pour constater par vous-même les résultats surprenants qu'il est possible d'obtenir très rapidement, parfois en quelques minutes ou quelques secondes.
Afin de maîtriser votre « télécommande » et de déployer vos ressources internes exceptionnelles, vous allez commencer par une technique éducative. Créer de toutes pièces, mentalement, un scénario ou une représentation virtuelle n'est pas si simple. Afin de faciliter vos débuts, il vous faut exploiter la faculté naturelle de vos yeux de créer virtuellement des images.
Dès cette première étape réussie, vous passerez à l'évocation mentale, alors beaucoup plus simple à pratiquer.

Découvrez la virtualité rétinienne

En trois étapes faciles, vous allez (re)découvrir grâce au médaillon page suivante cette capacité naturelle de l'œil à créer ou à conserver des images en mémoire. N'ayez crainte, personne n'est devenu catholique en regardant une croix, vous ne risquez donc pas de devenir automatiquement mentaliste en regardant le dessin !

Étape 1.

Commencez par lire les instructions complètes jusqu'à la fin des 3 points énoncés ci-dessous, assurez-vous de parfaitement comprendre et enregistrer les étapes successives et les conseils.
1. Fixez attentivement le médaillon pendant 90 secondes. Votre regard doit être bien en face, l'image bien à plat et le médaillon tenu à environ 25 centimètres de votre nez. Focalisez votre regard immobile au centre de l'image. Évitez de cligner les yeux, laissez-les s'imprégner de l'image, sans les bouger, en les gardant focalisés sur le centre de l'image. La vision périphérique pourra

LE MÉDAILLON PDC D'ÉVOCATION MENTALE

prendre tous les détails nécessaires et la rétine sera adéquatement préparée pour votre entraînement.
*2. **Fermez*** les yeux et posez le médaillon. Vos yeux pourront retrouver l'obscurité pendant 3 secondes avant de s'ouvrir, face à une surface blanche ou claire – comme le plafond ou un grand mur –, pour un contraste optimal.
*3. **Laissez*** alors faire vos yeux. Gardez un regard vague, sans chercher la focalisation, comme un regard rêveur, qui ne s'attache à rien. Le médaillon va peut-être, pour les plus doués, apparaître en inversé sur la surface blanche, preuve que vos yeux ont la capacité de créer une image virtuelle. C'est alors au tour de votre mental de prendre le relais, en rappelant l'image après sa disparition ou en la modifiant volontairement. Si l'image n'apparaît pas, recommencez l'exercice depuis le début de la phase 1.

Grâce à cet entraînement éducatif, vous allez accéder progressivement aux effets stupéfiants de vos évocations mentales. Cette étape charnière est essentielle à la gymnastique du cerveau, lui permettant d'accepter naturellement que la réalité puisse être ainsi augmentée, puis créée.
Pratiquez plusieurs fois successivement en gardant à l'esprit que :
• vos yeux sont des organes très performants et fragiles. Comme tout muscle, avant un exercice, ils demandent un travail de préparation et de soulagement, le « palming », afin d'être endurants (voir p.92) ;
• si l'image s'estompe, rappelez-la mentalement en fermant les yeux quelques secondes. En général, le cerveau crée plus facilement son hallucination les yeux fermés ;
• « laisser se faire » sans chercher à reconstituer l'image est souvent la clé que certaines personnes mettront des mois à comprendre ;
• relaxez-vous et faites confiance à votre mental. Pour obtenir des résultats rapides, ne forcez jamais, mais pratiquez régulièrement, une fois par jour ou tous les deux jours, à petites doses. Cette souplesse mentale, comme la souplesse physique, s'acquiert progressivement et s'entretient.

Préservez vos yeux de stress trop importants en :

- *évitant de prolonger vos séances (15 minutes sont suffisantes) ;*
- *associant systématiquement un temps de palming avant et après la séance (5 minutes en préparation et 8 minutes après).*

La vue est le sens prédominant chez la plupart des êtres humains. Des éducatifs visuels seront une base solide pour inclure progressivement vos autres sens et construire, dans un second temps, de puissantes évocations mentales multisensorielles.

QU'EST-CE QUE LE *PALMING* ?

Dérivé du mot anglais *palm* -, « paume de main », le palming consiste à utiliser les paumes de votre main pour prodiguer à vos yeux les conditions optimales nécessaires pour leur préservation, leur repos ou une récupération après un effort prolongé : obscurité, chaleur, protection.

La position idéale est d'être assis – à votre bureau par exemple –, les coudes appuyés sur la table, la tête délicatement appuyée sur vos mains.

Vos yeux sont nichés au creux de vos paumes, et aucune pression n'est exercée sur les globes oculaires. Vos paumes, légèrement creusées, sont suffisamment proches du nez (évitez de l'écraser !) pour créer une obscurité totale et respirer profondément en profitant au maximum de ces minutes de douce relaxation.

Votre tête est maintenue en plaçant le bas de vos paumes au niveau des pommettes, les doigts reposant sur le front.

La respiration est libre et profonde, et les yeux aussi immobiles que possible, sans aucune tension. Vous devez relâcher tous les muscles autour des yeux, de la mâchoire et du visage.

Une fois dans cette position, pour éviter d'en sortir et bénéficier de tous les avantages d'une pratique sans aucune interruption, pensez à programmer un minuteur, qui vous avertira automatiquement de la fin – au moins 5 minutes.

Étape 2.

Découvrez les fonctions élémentaires de votre télécommande mentale ! Une fois le premier éducatif répété avec succès – image projetée sur la surface blanche –, votre entraînement vous permet de faire revenir à volonté l'image – en clignant les yeux, par exemple. Grâce à cette étape, votre cerveau sait faire consciemment l'expérience d'une vision particulière : une vision virtuelle qui augmente la réalité. Votre mental commence à intégrer sa capacité à créer une « réalité intérieure ».

Votre « télécommande mentale » possède d'autres fonctions que vous allez exercer à présent : une fois le médaillon projeté sur la surface blanche, après le second rappel, amusez-vous avec :

- la fonction « déplacer » : latéralement, de bas en haut et inversement, en rotation ;
- la fonction « zoom » : avant, arrière ;
- la fonction « dessiner » : ajoutez un élément ;
- la fonction « colorier » : ajoutez de la couleur ;
- la fonction « copier » : dupliquez votre évocation mentale ;
- la fonction « gomme » : effacez une partie de votre évocation mentale.

Les fonctions et possibilités sont infinies. Votre création peut parfois vous fausser compagnie ! À vous d'augmenter la durée de présence visuelle de votre création. Cette hallucination est la clé d'une progression rapide vers des résultats immédiats.

Étape 3.

Découvrez les fonctions intermédiaires de votre télécommande mentale. Cette troisième étape consiste à se passer du médaillon pour initier votre processus d'évocation mentale et recréer votre image de départ – à l'aide votre mémoire – en fermant simplement les yeux. Le palming demeure nécessaire même lors de vos séances avec les yeux fermés puisque les muscles oculaires y sont aussi très sollicités.

Explorez, les yeux fermés, après la recréation mentale du médaillon, les fonctions intermédiaires de votre télécommande :

- la fonction « focus » : optimisez la précision des détails. Associez les fonctions élémentaires ;
- la fonction « texture » : augmentez votre rendu – granuleux, lisse, transparent, opaque – et associez-y vos fonctions élémentaires – couleurs, zoom, déplacer, dupliquer, etc. ;
- la fonction 3D : définissez le relief, l'ombre, la profondeur, l'épaisseur. Toutes les fonctions élémentaires viendront soutenir votre création.

Explorez, les yeux ouverts, après la projection mentale du médaillon, les fonctions intermédiaires de votre télécommande en projetant sur :

- une surface blanche (mur, plafond, etc.) ;
- un décor quelconque (sur votre lit, dans votre cuisine, dans le parc, etc.).

Soutenez chacune de vos créations mentales à l'aide des fonctions élémentaires et intermédiaires : focus, texture, 3D.

Exercice complémentaire avec la carte « médaillon »

Accélérez l'intégration mentale de cette nouvelle faculté en utilisant la carte « PDC Médaillon » soigneusement découpée dans les pages cartonnées en fin d'ouvrage.

1. Découpez un morceau de carton épais d'environ 2 mm, sur lequel vous collez une image sur chaque face. D'un côté, celle avec le motif, de l'autre, celle avec le cercle et les rayons.

2. Fixez un élastique de chaque côté de votre « nouveau médaillon cartonné » en perçant de part en part le carton à l'emplacement indiqué par les petits triangles.

3. Passez chaque index dans un des deux élastiques. En écartant un peu les mains, le médaillon est en suspension entre deux élastiques.

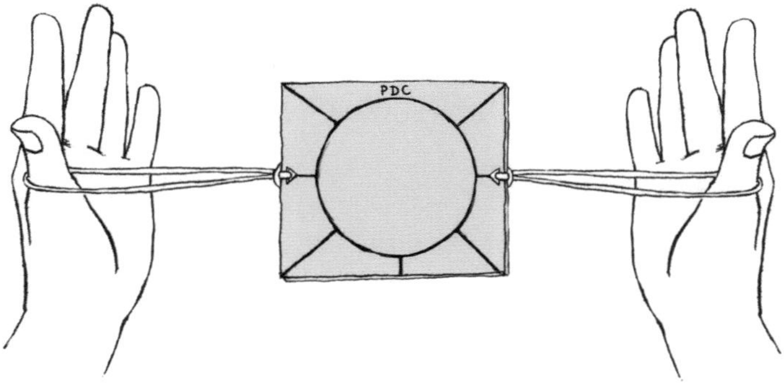

4. À l'aide de vos pouces et de vos index, faites tourner le médaillon dans le sens inverse des aiguilles d'une montre pour entortiller sur eux-mêmes les élastiques. Attention, maintenez votre pression sur le support cartonné afin que les élastiques ne se déroulent pas.

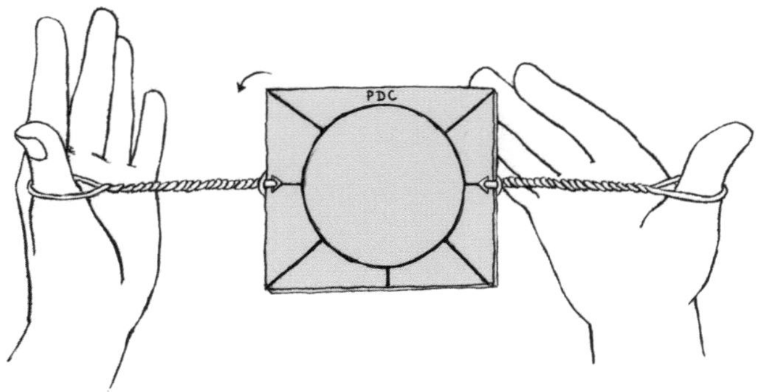

5. Tout en maintenant le carton en position – pour l'instant immobile – face avec les rayons vers vous, fixez le centre du cercle blanc et concentrez votre regard en comptant mentalement jusqu'à 30. Puis écartez vos mains en relâchant la pression du pouce et de l'index pour libérer le médaillon qui, grâce aux deux élastiques enroulés, tourne à grande vitesse.

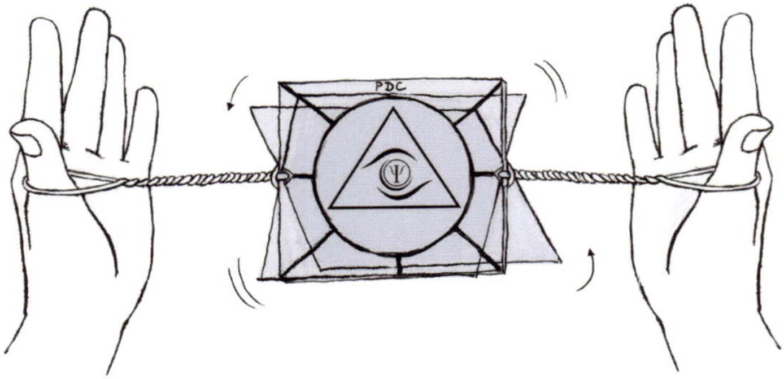

6. Gardez votre regard au centre du cercle pour y voir clairement apparaître le médaillon PDC en cartouche dans le cercle et les rayons.

Recommencez cet exercice plusieurs fois de suite pour entraîner votre œil à percevoir une réalité virtuelle, et faire revenir cette image les yeux fermés. L'idéal est de garder les yeux clos et de travailler à votre évocation de l'image vue pendant que vous « réentortillez » les élastiques.

Remodelez votre visage et votre corps grâce au psychomodeling

Psychomodeling : programmez votre mental pour agir sur votre corps

À force de trop se chercher, l'être humain s'est souvent perdu dans les méandres de l'intellectualisation à outrance. Revenir aux sources, à la simplicité, est alors salutaire. D'autant que la nature nous a équipés d'un instrument de contrôle et d'action sur nous-mêmes extraordinaire : notre cerveau. Il est temps de lui redonner le contrôle de certaines fonctions…

En médecine, l'alimentation et la prévention sont les valeurs les plus sûres dans une approche holistique de la santé intégrant l'influence des capacités mentales. Il est scientifiquement établi depuis les années 1980 que l'action du mental sur le corps produit des effets physiologiques mesurables et reproductibles. La neurotechnologie permet par exemple d'entraîner son cerveau à soigner en quelques semaines une dépression, sans aucun médicament.
À vous de faire dès aujourd'hui l'essai et de programmer votre esprit – en toute tranquillité et facilité – à améliorer votre « esthétique » grâce à une méthode, validée médicalement, que j'ai mise au point il y a quelques années. Ces techniques peuvent s'appliquer à toutes les parties du corps. Prenons l'exemple du visage.

Étape 1. Séparez mentalement votre visage en zones distinctes :
• le front ;
• les yeux et le nez ;
• les lèvres et la mâchoire ;
• le cou.

Étape 2. Concentrez votre attention sur la partie où vous souhaitez agir ; cela provoque immédiatement des réactions physiologiques. Faites le test avec n'importe quelle partie du corps.
Dans une certaine méditation, dite « Vipassana », l'attention est pendant plusieurs heures concentrée sur un point sous le nez, au-dessus de la lèvre supérieure, afin de stabiliser l'esprit. Ensuite, « scannez » mentalement tous les niveaux corporels pour prendre conscience avec précision de vos différents étages anatomiques et pour cibler plus efficacement l'action de vos évocations mentales.

Étape 3. Prévoyez 1 heure sans interruption pour votre première séance et procédez ainsi :
• installez-vous de manière confortable, si possible en position assise, dans un lieu tranquille ;

• commencez avec, face à vous, accrochée au mur, l'image d'un visage radieux mais neutre, celui du livre photocopié au format A4 ou téléchargé sur le site Psychomodeling[17] ;
• faites le vide pour focaliser votre attention. Des textures sonores (p. 117). peuvent vous guider pour optimiser votre concentration ;
• relaxez-vous totalement par la respiration (15 minutes).

Étape 4. L'évocation mentale est votre télécommande. C'est l'interface entre vos capacités mentales et votre corps physique, ici votre visage. Vous allez donc « évoquer mentalement » l'action que vous souhaitez sur la zone sélectionnée. Pour votre bouche, par exemple, évoquez mentalement, en partant de l'affiche en face de vous, en suivant les flèches placées de façon appropriées. Ces flèches représentent les directions que vos doigts auraient si vous cherchiez à lisser les traits autour de votre bouche – vers l'extérieur et légèrement vers le haut. Puis progressivement, en fermant les yeux et en ressentant directement l'action de votre mental sur votre visage – légère chaleur, décontraction, relaxation –, massez « mentalement » la zone spécifique.

Étape 5. Relaxez-vous quelques minutes et demandez à votre esprit d'enregistrer ces ressentis pour les prolonger les heures qui suivent. Plus vous renforcerez ces sensations, plus vous agirez sur des zones spécifiques, plus les bénéfices vont s'accumuler et se démultiplier. Quelques minutes supplémentaires vous permettront de reprendre doucement vos esprits, de vous lever en douceur, puis d'effectuer une transition sans heurts vers vos activités quotidiennes.

Ces petites séances quotidiennes vous apporteront un bien-être dont vous ne pourrez bientôt plus vous passer. Des séances de groupe sont d'ailleurs organisées dans différentes villes[18].

[17] Voir « Ressources », p. 159.
[18] Voir « Ressources », p. 159.

Comment fonctionnent ces nouvelles techniques de psychomodeling ?

Depuis de longues années, la science connaît l'importance du mental et de l'esprit dans la guérison de maladies graves. Tous les jours, médecins et thérapeutes observent comment deux malades similaires – même maladie, mêmes antécédents, mêmes caractéristiques sociales, corporelles – réagissent de manière totalement différente à la maladie selon leur volonté de vivre. La médecine prend désormais de plus en plus en compte ces facteurs inconscients de « puissance intérieure ». De la même manière, tous les parents savent qu'un verre d'eau sucrée suffit bien souvent à soulager le mal de tête de l'enfant ; c'est l'effet « placebo ». Le mal de tête n'est pas imaginaire, il est bien réel, mais l'enfant, en buvant son verre d'eau sucrée, est tellement persuadé que ça va le soulager qu'il mobilise sans le savoir, par des processus inconscients, la force et les ressources nécessaires pour aller beaucoup mieux.

La force du mental et des parties inconscientes est aussi pour beaucoup dans de nombreuses guérisons considérées comme incroyables. Ainsi ces malades condamnés par la science qui bénéficient d'une guérison inespérée, ou qui sortent du coma après des mois d'inconscience.
L'homme possède au fond de lui une puissance inconsciente phénoménale qu'il doit apprendre à utiliser dès que possible. Aujourd'hui, c'est cette force que vous allez mettre à profit lorsque vous allez utiliser ces nouvelles techniques de psychomodeling.

En ce qui concerne le visage, on sait maintenant qu'en favorisant la circulation des différents fluides corporels (sang, lymphe…), on augmente élasticité, éclat et tonicité de la peau. En même temps, on observe que la peau se régénère et cicatrise beaucoup plus vite. De plus, différents exercices de mini-stretching – les grimaces faites devant le miroir par exemple – faits régulièrement estompent les rides de manière efficace et rapide.

Il semble que ces nouvelles techniques de beauté-santé fonctionnent un peu de cette manière. Elles programment votre inconscient pour exécuter des exercices d'évocation mentale qui stimulent la peau, les rides et les points d'acupuncture de manière invisible tout au long de la journée. Vous ne vous rendez pas compte de ce qu'il se passe, vous constatez simplement des résultats rapides et surprenants. En apparence, vous pouvez penser que c'est magique. En réalité, même si vous n'en avez pas conscience, ce sont les parties mentales inconscientes qui en secret travaillent jour et nuit à votre beauté. Le psycho-modeling est une méthode simple, rapide, naturelle, adaptée et scientifique.

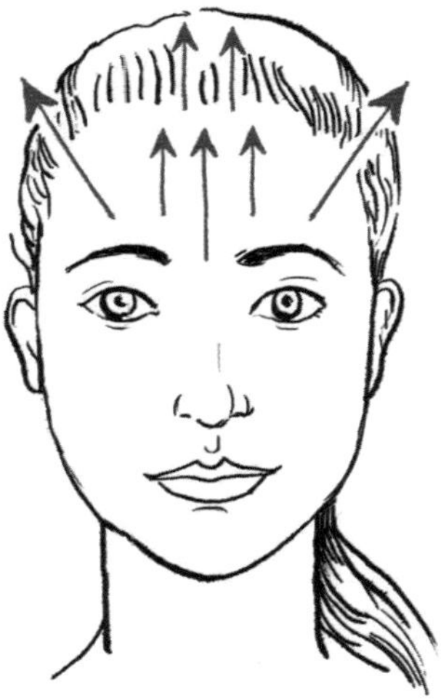

Testez votre partenaire avec le mentalisme

Combien de fois vous est-il déjà arrivé, alors que vous discutiez avec une personne proche, de la voir achever vos phrases avec les mots exacts que vous alliez prononcer ? Ce phénomène ressemble à de la télépathie, en a le goût et la couleur, mais… n'est pas de la télépathie ! Il s'agit de ce que la parapsychologie expérimentale étudie et classe sous le nom de « contagion affective ». Lorsque deux personnes – ou plus – partagent les mêmes contextes, les mêmes référents, les mêmes discussions, il est courant qu'elles parviennent aux mêmes conclusions et les expriment dans un vocabulaire commun. Plus les protagonistes passent du temps ensemble, ou sont immergés dans les mêmes contextes, plus la probabilité de voir le phénomène apparaître augmente. On peut toutefois y reconnaître aussi une manifestation de précognition. Aucun phénomène n'a qu'une seule et unique cause, il est la plupart du temps le fruit de l'interaction de plusieurs tenants, eux-mêmes asservis à l'évolution des contextes adjacents. Peu importent l'origine et la machinerie « psIchopsychologique » qui sous-tendent le phénomène, il manifeste une forme de compatibilité très intéressante à tester avec vos proches…

Ainsi, vos capacités hyper- et extrasensorielles naturelles, toujours volontaires pour vous donner un petit coup de pouce, pourront être une aide précieuse dans l'évaluation de votre partenaire, actuel ou envisagé – vous n'êtes pas obligé d'annoncer à l'avance ce que votre test va révéler. Pour cette expérience, riche d'enseignements, vous utiliserez les cartes du jeu PDC Couleurs, le support qui va permettre aux parties inconscientes de votre mental de vous transmettre leurs perceptions profondes et instinctives.

Ces tests vous sont proposés à titre simplement ludique, et l'interprétation de leurs résultats n'engage que vos propres sensibilité et intelligence. Comme dans tous les tests, seule une convergence de résultats est significative. Ainsi, si ces tests vous apporteront un éclairage nouveau sur votre relation, il sera toujours plus prudent d'évaluer la compatibilité plusieurs fois avant de prendre une décision fondée sur les scores.

Test de compatibilité n° 1

Préparation

Avec le jeu PDC Couleurs, installez-vous confortablement devant une petite table, face au partenaire à tester. La femme (ou celui dont la personnalité est la plus féminine) prend une série de huit cartes, l'autre le second paquet.

Déroulement

Chacun mélange ses cartes et les étale devant lui en un long ruban, face (dessins colorés) tournée vers la table. Vous n'apercevez donc que 16 Phi bleus, les faces colorées étant soigneusement dissimulées.

Celui qui initie le test prend :

- si c'est un homme, de sa main droite la main gauche de sa partenaire. Il reste ainsi quelques minutes, afin de faire le vide et de ne faire plus qu'un avec l'autre ;
- si c'est une femme, de sa main gauche la main droite de son partenaire. Elle reste ainsi quelques minutes ;
- dans le cas d'un couple homosexuel, c'est à celui qui initie le test de déterminer si son tempérament est plutôt masculin ou féminin et d'adapter la polarité des mains selon son choix.

En gardant le contact des deux mains, chacun passe sa main libre au-dessus de son ruban, jusqu'à ressentir comme l'appel d'une carte. Chacun sort alors la carte du ruban sans la retourner.
Les deux cartes sont retournées, puis comparées : identiques ou différentes. Les résultats sont notés sur une feuille.

Les cartes sont remises dans leurs paquets respectifs et la même expérience est retentée 9 fois de suite avec le partenaire, depuis le début. À la fin du test, vos résultats se présentent comme un ensemble de 10 paires de couleurs.

Interprétation des résultats

Comparez à présent vos résultats. Il est évident que plus vous avez souvent inconsciemment choisi simultanément la même couleur, plus grande est votre compatibilité manifestée. Par exemple, une paire identique sur dix indique une compatibilité très pauvre – on la dira de 1/10e – alors que six résultats identiques sur dix est un bon score – compatibilité de 6/10e.
Dans un second temps, relevez les deux couleurs qui reviennent le plus souvent dans vos tirages respectifs et reportez-vous à leur interprétation ci-dessous. Votre couple est ou sera un compromis entre les deux caractères.

• Tableau des correspondances du test n° 1

Selon les résultats obtenus, considérez les correspondances suivantes comme représentatives de votre union si la couleur se manifeste au moins quatre fois sur dix.

BLANC. Vous avez dans votre couple l'étonnante habileté de bâtir entre vous harmonie et unité. Vous comprenez chacun parfaitement pourquoi vous êtes ensemble et obtenez les meilleurs résultats lorsque vous joignez attention et effort dans un but commun. Chaque partenaire est pour l'autre source d'inspiration et de créativité. Veillez toutefois à ouvrir votre couple au monde ou vous finirez par vivre en vase clos. Et rappelez-vous qu'en cas de conflit l'obstination sera votre pire ennemi.

NOIR. Vous êtes l'exemple même de la complémentarité. Vous représentez les énergies opposées : yin et yang, mâle et femelle, négatif et positif. Les mots clés de votre relation sont équilibre et nuance. Ouvrez votre cœur, fixez des buts communs et vous trouverez une voie vers le bonheur. Attention, si vous n'y prenez pas garde, votre dissemblance pourrait devenir la source de nombreux conflits. Vous avez en main tous les ingrédients nécessaires pour vivre la relation de vos rêves si vous réussissez à prendre en compte vos différences.

BLEU. Votre couple représente l'intermédiaire entre noir et blanc. En parvenant à vous discipliner, à trouver des buts communs, en unissant vos passions réciproques, les résultats peuvent être impressionnants. Le secret de la réussite de votre relation tient dans la présence permanente d'un projet commun. Sans celui-ci, lassitude et train-train prendront très vite le pas sur les sentiments. Tel un jardin, votre relation doit être entretenue chaque jour.

VERT. Pris séparément, vous êtes aussi différents que l'eau et le feu. Mais ensemble, la magie opère, vous formez un couple dans le sens le plus traditionnel du terme. Chacun est conscient du rôle bien déterminé qu'il a à jouer et espère que son partenaire remplisse lui aussi ses « obligations ». Vous êtes prêts pour une relation des plus enrichissantes, dont les mots clés sont sécurité et tranquillité.

ROUGE. Le véritable défi dans votre relation consiste à allier sécurité et variété-originalité. Mère, amante et femme – ou père, amant et mari –, le rôle de chacun doit changer continuellement. Découvrir de nouveaux centres d'intérêt, vivre ensemble de nouvelles aventures conservent à la relation tout son piquant. Veillez à ce qu'aucun temps mort n'apparaisse, ou l'autre pourrait aller chercher ailleurs un partenaire plus aventureux. Le mouvement physique et intellectuel doit être permanent pour conserver et voir s'épanouir pleinement votre couple.

JAUNE. Votre relation repose principalement sur la loyauté et la tendresse. Vous êtes un couple cocooning, à l'abri dans la maison avec votre famille et vos amis. Vous êtes faits pour travailler ensemble et bâtir un nid d'amour loin du monde. Vous êtes des partenaires généreux et totalement dévoués l'un envers l'autre. Veillez à très vite régler les moindres petits problèmes qui pourraient s'immiscer entre vous car ils pourraient être la cause majeure de troubles futurs.

VIOLET. Cette couleur correspond au chiffre « initiatique » 7. Entre vous, une vraie magie opère, votre relation est d'abord spirituelle et mystique bien avant d'être physique. Tout est censé vous réussir si vous restez dans l'ordre des choses. Vous pourrez passer vos nuits à partager fantasmes et secrets jalousement gardés jusqu'à présent. Ami autant qu'amant, chacun sera à l'écoute des problèmes de l'autre, prêt à tout pour y apporter une solution. Vous êtes symboliquement un seul esprit incarné dans deux corps. Avec ce partenaire, oubliez votre timidité et faites le premier pas.

MARRON. Voici l'exemple type d'une relation que vos parents et amis ne comprennent pas, et pourtant ! Vous, vous savez tous les deux exactement ce qu'il en est. Vous n'avez pas votre pareil pour faire de vos rêves une réalité. C'est ensemble que vous trouverez les réponses à vos questions sur la vie et sur l'univers et que vous parviendrez à l'équilibre. Si vous avez la volonté de garder l'esprit ouvert et d'oublier vos différents sûrement nombreux, vous vous appuierez l'un sur l'autre et vous conduirez doucement vers l'épanouissement.

Test de compatibilité n° 2

Plus difficile que précédemment, mais plus précis et fiable, ce test demande de part et d'autre de la concentration.

Préparation

Installez-vous de nouveau confortablement face à votre partenaire. Reportez-vous aux précédents chapitres en ce qui concerne les conditions d'optimisation des perceptions extrasensorielles. Vous allez en avoir sacrément besoin !
Avec du papier d'aluminium, chacun façonne 10 boulettes de même forme et de même taille, en prenant soin d'inclure discrètement dans l'une d'elles un petit objet personnel : bague, boucle d'oreille, chaîne, porte-bonheur…
Après les avoir mélangées, chacun étale ses 10 boulettes devant lui.

Déroulement

Celui qui représente l'énergie masculine prend de sa main droite la main gauche du partenaire et reste ainsi quelques minutes afin de faire le vide et de ne faire plus qu'un avec l'autre. Reportez-vous au test n° 1 pour les « choix de polarité ». En gardant les deux mains en contact, chacun passe sa main libre au-dessus des boulettes de papier d'aluminium de l'autre, jusqu'à ressentir comme une impression de chaleur ou de familiarité, une sorte d'attirance ou de répulsion envers une des boulettes.

Interprétation des résultats

Chacun donne alors cette boulette à son partenaire. Le but est de retrouver l'objet personnel par psychométrie (voir p.128). Si tel est le cas, il n'y a plus aucune question à se poser, vous étiez faits pour vous rencontrer.
Faites ce test une dizaine de fois chacun pour voir si les résultats reflètent bien votre compatibilité profonde. Ce test est assez difficile puisque le hasard vous donnera raison une fois sur dix. Quant à la probabilité que chacun retrouve par hasard l'objet simultanément au premier essai, elle est d'une chance sur cent.

Test de compatibilité n° 3

Après avoir évalué et éclairé votre relation à l'aide de vos perceptions extra- et hypersensorielles, une petite confirmation ou infirmation issue des techniques de « coaching séduction » pourra être utile.
Huit questions simples posées à votre partenaire masculin vont vous permettre d'observer ses réponses verbales, mais surtout d'interpréter ce qu'il vous révèle inconsciemment par ses attitudes corporelles, ses regards, les inflexions de sa voix…
N'hésitez donc pas à préférer les réponses qu'il vous donne inconsciemment si

ses comportements convergent vers une réponse différente de celle qu'il vous donne oralement.
Accordez vos préférences dans l'ordre suivant : votre instinct – première impression – prime sur les micro- et les macrocomportements observables – gestion de l'espace, rapprochement ou éloignement, changement dans la voix, gestes de dissimulation –, qui priment sur les déductions faites grâce à la structure de son discours (négative ou positive), qui enfin l'emportent sur le contenu du discours – bien souvent faux, approximatif et plein de distorsions.

Une seule réponse par question.

Quand vous lui demandez ce qu'il pense de telle actrice du moment (réputée sexy), et plus jeune que vous.

Carré : « Elle doit avoir beaucoup de succès. »

Vague : Il détourne la conversation, et fait comme s'il n'avait pas entendu, en rougissant ou en bégayant parfois.

Rond : « Il paraît que c'est un super coup, et je suis sûr que tu peux faire mieux si tu te déchaînes un peu », continue-t-il en vous entraînant vers la chambre. Vu son ardeur pendant vos câlins, vous vous demandez d'ailleurs s'il pense à vous ou à cette actrice…

Croix : « En plus, il paraît que c'est un super coup. »

Aujourd'hui, c'est le spleen total, sans raison. Un de ces jours où vous auriez mieux fait de rester couchée. Comment se comporte-t-il ?

Carré : Il prend les choses en main et vous organise vos activités préférées. Cocooning ou restaurant, ciné ou DVD…

Vague : Il cherche ce qui vous relaxe (cocooning ou sortie) et vous prend par la main pour écouter le récit de votre journée.

Rond : « Il n'y a pas meilleur remontant que de faire l'amour » selon lui… Il va donc s'évertuer à vous épuiser sexuellement, parce que « quand le sexe va, tout va ».

Croix : Il vous propose de regarder un match à la télé ou de l'accompagner à l'une de ses activités préférées (à lui) pour « vous changer les idées ». Il en profite pour vous dire à chaque instant ce que lui aurait fait à votre place.

Vous vous êtes enfin lancée dans une transformation totale, et cette nouvelle coupe de cheveux assortie à votre maquillage vous rend lumineuse. Quand il vous voit :

Carré : Il sent que quelque chose a changé, il ne sait pas quoi. Il vous regarde avec insistance, comme s'il vous redécouvrait, et vous conduit tendrement vers la chambre à coucher ou sur le canapé.

Vague : Il vous regarde attentivement et vous dit combien il aime cette nouvelle coupe qui vous illumine.

Rond : Il vous dit : « Ce pull/chemisier/robe te rend super excitante », ou ne dit pas un mot. De toute façon, ce n'est pas grave, il vous conduit directement dans la chambre.

Croix : Il sent que quelque chose a changé mais, pour toute réaction, il vous dit : « Tiens, il te va bien ce pull/chemisier/robe. C'est nouveau ? »

Il vous déclare sa flamme avec des « Je t'aime, tu es le soleil de ma vie ».

Carré : Dès que le moment s'y prête : soirée intime, dîner en tête à tête, balades en forêt…

Vague : Rarement, il ne le dit pas directement. Il préfère vous appeler « mon cœur/mon amour/chérie », il fait peu de déclarations mais ses regards sont pleins de tendresse.

Rond : Juste avant/après/pendant un câlin.

Croix : Pour répondre à vos demandes ou à vos « Je t'aime », sinon il n'en prendra pas l'initiative, en disant que « les sentiments, c'est pas mon truc ».

Il vous appelle au téléphone :

Carré : Au moins une fois dans la journée.

Vague : Quand il a un renseignement à vous donner ou à vous demander.

Rond : Avant de vous retrouver, pour vous « chauffer » un peu, et vous décrire toutes les caresses coquines qu'il a envie de vous faire.
Croix : Il n'en a pas besoin, vous l'appelez vous-même en permanence.

Quels amis vous a-t-il présentés ?

Carré : Certains, mais c'est plus contextuel que volontaire. Quand il est avec eux, il semble vous oublier et vous négliger. Vous tentez de vous intégrer, mais ces longues discussions vaines sur le dernier match de foot vous ennuient.
Vague : Vous les rencontrez peu à peu ensemble. Vous n'avez pas d'atomes crochus avec tous, mais certains sont plus intéressants que d'autres.
Rond : Presque aucun, et par hasard. De toute façon, il ne les voit pratiquement pas et préfère passer ses journées avec vous sous la couette.
Croix : Presque aucun, et par hasard. Il les voit souvent mais tout seul, ils discutent de « trucs de mecs qui n'intéressent pas les femmes ». Il est bien connu que « les femmes sèment toujours la zizanie dans un groupe de potes ».

Un collègue (ou ami) masculin vous invite à une soirée culturelle, musicale… Quelle est sa réaction ?

Carré : Il ne semble pas mal le prendre, « chacun est libre ». Mais il insiste pour tout savoir sur ce collègue (et/ou vous accompagne pour le rencontrer).
Vague : Si cela vous fait plaisir, il est satisfait, tout en vous précisant que le plus important est la confiance. Il vous demande de l'appeler régulièrement pour qu'il soit sûr que tout va bien.
Rond : Vous n'osez pas lui en parler, et n'en avez pas vraiment envie. Vous vous sentez déjà coupable d'y avoir pensé. Après de longues hésitations, vous refusez l'invitation.
Croix : Ça ne lui pose pas de problème, au contraire, il trouve bien que vous vous éclatiez. La vie est tellement courte. Ce soir-là, il sera injoignable au téléphone, et absent. Qu'a-t-il fait de sa soirée ? Il ne vous le dira pas.

Comment se comporte-t-il par rapport à votre passé, « avant lui » ?

Carré : Il l'évoque facilement, surtout pour le passé lointain, et il en profite pour vous raconter ses conquêtes qui avaient quelque chose de plus que vous… Et avec qui il a vécu des moments si inoubliables.

Vague : Il s'intéresse à votre passé avec sensibilité. Il sait que certaines périodes de votre vie ont été difficiles, et ne veut pas réveiller des souvenirs douloureux. Progressivement, il s'ouvre aussi à ce qui a été sa vie avant votre rencontre.

Rond : Il demande beaucoup de détails intimes, pour vérifier que le sexe est bien meilleur avec lui. Il voit dans votre intimité une compétition (avec vos ex), d'où il doit sortir vainqueur absolument. Et il n'hésite pas à vous le faire confirmer régulièrement.

Croix : Le passé n'existe plus, il ne veut pas en entendre parler, il n'aime pas ça. Il n'aime d'ailleurs ni votre mère, ni votre famille, ni vos amis.

Interprétation des résultats

Comptez, parmi les symboles associés aux réponses, celle qui est majoritaire. En cas d'égalité, votre profil est un mélange des deux.

VAGUE. Vous êtes sur la bonne voie pour construire avec lui une relation durable et solide. Certes, il reste encore du chemin à parcourir pour trouver l'équilibre ensemble, mais vous partagez déjà beaucoup de valeurs. Vous doutez encore de sa sincérité et de son engagement. Votre communication est balbutiante, il faut du temps pour apprendre à vous connaître ! Sa réserve et sa difficulté à vous parler de sentiments sont typiquement masculines, laissez-lui le temps de prendre confiance. L'amour donne des ailes, profitez de cet épanouissement pour entreprendre une démarche de développement personnel. Vous optimiserez ainsi cette période « magique » en mettant au jour toutes vos nouvelles ressources.

Carré : Vous êtes sur la mauvaise pente, mais n'osez pas vous l'avouer. Vous doutez, et c'est justifié. Sans actions de votre part et de la sienne, le fossé qui vous sépare risque de devenir un véritable gouffre, capable d'engloutir toutes vos tentatives mutuelles, trop tardives, de rapprochement. La pente peut être remontée en quelques mois si vous axez vos rapports sur la communication et les besoins de l'autre dans le respect, la confiance et l'amour reconstruit.

Croix : Plus rien ne vous retient vraiment à lui si ce n'est l'habitude, la peur de l'inconnu ou la solitude. La situation est déséquilibrée, il fuit dès que vous vous rapprochez. Ce n'est ni sa faute ni la vôtre, c'est le fruit de votre mutuelle inadéquation et incompatibilité actuelle. Posez-vous les vraies questions avec sincérité. Vivre dans l'illusion n'est pas une solution à long terme. L'amour que vous pensez lui porter est-il suffisamment fort pour endurer cette situation ? À vous de choisir. Si vous décidez de le reconquérir, le chemin sera long et semé de frustrations et de déceptions. En revanche, dès que vous allez reprendre confiance en vous, un océan d'opportunités va s'ouvrir devant vous. Après tout, vous méritez certainement une meilleure relation que celle-là.

Rond : Votre profil est typiquement celui d'un couple en codépendance sexuelle, tout repose sur les plaisirs et l'immédiateté. Il faut prendre conscience qu'il vit votre union totalement au présent. Si c'est aussi un choix de votre part, profitez-en au maximum. Mais ne vous laissez pas entraîner dans une dépendance. Pour l'instant, votre passion masque les soucis et les réalités, mais gardez bien à l'esprit que cela ne dure qu'un temps. Engagements et projets sont nécessaires pour alimenter les passions. Chez l'humain, il ne faut pas confondre désirs et amour. Son besoin de nouveauté risque fort de le conduire vers d'autres rivages.

Développez vos perceptions extra sensorielles : anticipation, vision à distance, influence, communication mentale

Quelques définitions

Vous allez explorer vos capacités extrasensorielles latentes à l'aide de méthodes et de protocoles scientifiques soigneusement cadrés. Souvent, on me demande si « je crois » ou si « je ne crois pas » à tel ou tel phénomène. La réponse est souvent sans appel. On ne demande pas à un professionnel du mentalisme de « croire » ou de « ne pas croire », ce sont deux comportements antagonistes, dans ce contexte aussi absurdes l'un que l'autre. Ce que l'on nous demande ne relève donc pas du domaine de la croyance, mais de l'étude et du savoir. Et comme tout savoir, il doit se fonder sur des faits produits par des expérimentations fiables, aux protocoles sécurisés, relativement reproductibles et aux résultats évaluables. Ainsi, chaque expérience sera soigneusement encadrée et décrite pour éviter toutes les fausses interprétations.
Il convient, dans un premier temps, de déterminer la nature et la nomenclature des phénomènes dits « PES » (perception extrasensorielle) qui peuvent être considérés dans leur ensemble comme un phénomène global de perception délocalisée dans le *continuum* espace-temps.

La parapsychologie expérimentale classe les phénomènes paranormaux, dits « de subnormalité », en deux types distincts :

PES = Psi Gamma : ces phénomènes dits « subjectifs » correspondent à l'acquisition d'informations et à des témoignages de ressentis ou de sensations. Perceptions qui ne sont donc pas mesurables scientifiquement, du point de vue des sciences dures (mathématiques, informatique, astronomie, etc.). Les sciences molles (psychologie, sociologie, parapsychologie, sciences humaines, etc.) relèvent, en revanche, de l'interprétation de ceux qui en font l'expérience. Ces phénomènes généralement désignés sous le terme global de perceptions extrasensorielles (PES) dépassent les perceptions humaines de nos cinq sens, telles que reconnues par la science actuelle, le terme « extrasensoriel » signifiant littéralement perceptions (mentales) « en dehors » des sens ou « en plus » des cinq sens.

• Métacommunication mentale (abolition de l'espace) ou télépsychie (télépathie et télésthésie) : transmission d'informations communiquées sans passer par les cinq sens, ni par la logique, la déduction, le hasard ou les probabilités.

• Métaconnaissance (abolition du temps) : perception d'informations inaccessibles à nos cinq sens pour des raisons de temps (elles proviennent d'un temps différent du temps présent), ou d'espace, ou d'éloignement :

– du présent : clairvoyance, vision à distance ;

– du passé : postcognition, psychométrie ;

– du futur : précognition.

• Les OBE[20], longtemps classées à tort dans les Psi Kappa – et qui le sont encore parfois dans des nomenclatures un peu rétrogrades –, ne sont pas des phénomènes en tant que tels, mais des modes de perception d'une manifestation extrasensorielle.

Psi Kappa : ces phénomènes objectifs sont en général mesurables par des appareils parfois extrêmement sophistiqués et quantifiables.

• PK : action par la pensée sur la matière inerte.

• Bio PK : action par la pensée sur la matière vivante – phénomène très lié aux flux internes.

• Flux rémanents et flux externes.

[20] OBE (*Out of Body Experience*) sont des expériences perçues comme des sorties du corps - ou voyage astral - à ne pas confondre avec les expériences de mort imminente (EMI).

Les études sont aujourd'hui unanimes à reconnaître l'existence évidente de subnormalité, tout en ayant des difficultés à reproduire ces phénomènes artificiellement de manière systématique. On considère donc les PES comme des phénomènes avérés mais fluctuants. La différence majeure entre études scientifiques et pratiques – civile ou militaire – des PES réside dans l'intention. Lorsque l'on souhaite exploiter ces capacités latentes, il n'est pas nécessaire que le phénomène soit reproductible 100 % du temps, il suffit que les scores soient supérieurs à ceux que permet le hasard pour que la technique devienne utile et exploitable.

La classification des PES est claire et abondamment documentée grâce aux très nombreuses expériences menées aussi bien par les militaires que par les civils. Il est en effet très simple de mesurer les PES à l'aide de tests, les seules véritables difficultés étant d'établir un protocole efficace et sécurisé, mais surtout d'avoir du temps et des sujets… Car les résultats n'ont de véritable valeur scientifique que sur de longues suites d'occurrences, où les scores sont comparés à ceux que les probabilités peuvent prédire. Si par exemple vous jetez en l'air une pièce de monnaie en tentant de deviner sur quelle face elle atterrira, vous avez une chance sur deux d'être juste. Donc 5 divinations justes sur 10 lancers n'est pas la manifestation de PES mais celle du hasard – tant que les divinations réussies se répartissent uniformément au cours des jets de pièces. En revanche, être juste 5 fois de suite relève déjà plus de PES puisqu'il y a 1 chance sur 32 que cela arrive par hasard – soit 1 chance sur 25. De plus, être faux bien plus souvent que les probabilités ne le prédisent ne relève pas de la nullité des PES, mais au contraire de ce que l'on appelle le Psi négatif ou Psi missing. Qui est en lui-même un phénomène aussi intéressant puisqu'il est plus facile de convertir un Psi négatif en Psi positif que d'améliorer un score de Psi nul (donc égal au hasard).

Les études du Psi Gamma ont particulièrement avancé ces vingt dernières années grâce aux progrès technologiques (imagerie cérébrale), à l'engouement pour les neurosciences et à la place redonnée au mental dans le monde

médical (entrée de l'hypnose dans les hôpitaux, méditations prescrites médicalement sous le nom de pratique « de la pleine conscience », etc.). L'étude intensive du Psi Gamma nous révèle à chaque moment de nouvelles pistes à creuser et nous prouve scientifiquement ce qui était connu depuis des millénaires.
De plus, au cours des vingt dernières années, les protocoles jusque-là réservés à des sujets considérés comme doués ont été progressivement ouverts à ceux sans prédispositions apparentes. En testant ainsi M. et Mme Tout-le-Monde au sein d'études d'envergure, il est très vite apparu que ces capacités PES étaient présentes chez chacun de nous dans des proportions différentes et qu'il suffisait de les réveiller. Plusieurs théories situent la source au cœur de l'archéocortex – le cerveau primaire de l'être dit aussi « cerveau reptilien » – et non plus dans notre cerveau « de réflexion », le cortex. Il semblerait que ces capacités, déjà présentes chez des animaux aussi éloignés de nous que les insectes sociaux comme les abeilles ou les fourmis, se soient progressivement mises en sommeil au fil de la sophistication de notre processus d'évolution à partir des primates. Ainsi, les capacités Psi et PES des élèves en formation sont activées et démultipliées par la pratique de mouvements que j'ai nommés « mouvements d'activation des centres reptiliens[21] ». Il est intéressant de constater qu'instinctivement, hors entraînement, les hommes font en général de bons émetteurs alors que les femmes manifestent rapidement leur capacité de récepteurs. Il s'agit probablement des conséquences millénaires de la spécialisation cérébrale nécessaire à l'organisation sociale de l'*Homo sapiens* en pleine évolution corticale.

En ce qui concerne les Psi Kappa, les études demandant un arsenal très important d'appareils de mesure et des investissements colossaux, elles ont été et sont encore majoritairement réservées à l'armée ou aux très grandes entreprises, les résultats demeurant souvent confidentiels.

[21] Pour une description plus approfondie de cette notion, voir, du même auteur, *Devenez la meilleure version de vous-même*, *op. cit.*, p. 102 et suiv.

Conseils pour les expériences PES en général

Vos résultats seront en général meilleurs tôt le matin, en fin d'après-midi et en début de soirée. Certaines personnes préféreront faire des séances de travail de 1 heure tous les trois jours, entrecoupées d'une pause toutes les 15 minutes. D'autres favoriseront des séances journalières beaucoup plus courtes (20 minutes).

• Choisissez une pièce calme, dont la température est d'environ 18 °C, sans courants d'air. Évitez les petites pièces étouffantes et exiguës. Essayez de toujours travailler dans le même endroit pour déconnecter la vigilance de votre mental dans ce lieu catégorisé comme « sûr » par vos processus reptiliens de survie.

• Privilégiez des vêtements amples, de préférence doux, en matière naturelle pour éviter les charges d'électricité statique.

• Vous veillerez à ne pas avoir faim – sans non plus être repu –, ni avoir de besoins naturels urgents ou retenus. Une bonne intelligence alimentaire contribuera à augmenter vos résultats positifs : pas d'alcool, peu de sucre blanc, peu de sel, peu de graisse animale et saturée, peu de farine blanche, très peu de protéines animales, mais beaucoup de fibres, de fruits, de légumes frais et de fruits secs oléagineux.

Les médicaments n'entravent généralement pas l'acuité de vos PES ; en revanche, ils les déforment.

• Optez pour le silence ou, mieux encore, pour une texture sonore adaptée aux PES. Vous éviterez, dans les exercices de dermoperception (voir p.125), d'être trop proche de grands murs blancs ou teintés qui parasitent vos perceptions des couleurs des cartes.

• Utilisez de préférence une nappe – gris clair et mate – et un éclairage doux, plutôt chaud que froid.

• Pratiquez avant vos expériences des mouvements d'activation des centres reptiliens et une « respiration dichotomique[22] » ciblée.

[22] Vo r, du même auteur, *Devenez la meilleure version de vous-même*, *op. cit.*, p. 307.

• Entraînez-vous avec des personnes de confiance, vous n'êtes pas là pour faire un spectacle, mais pour travailler à votre évolution.
• Conservez un état d'esprit d'ouverture et de disponibilité. Gardez en mémoire que, comme dans toutes les disciplines, il y a les jours avec et les jours sans. Bonne humeur et plaisir à vous exercer sont donc de mise. C'est un jeu sans enjeu où s'exercent votre plasticité mentale et votre créativité.

Les PES ne sont pas un don mais un processus avec des techniques facilitantes et d'autres annihilantes qui dépendent beaucoup de votre configuration mentale (physiologique et psychologique), il vous appartient donc d'apprendre à vous connaître. Consignez toujours vos résultats ainsi que les conditions qui les entourent.

Préparation : maîtrisez vos états et vos fréquences cérébrales grâce aux textures sonores

Connaissez-vous les sono-résonances et les couleurs sonores ?

C'est en 1878 que D. Babbit (1828-1905) conçoit une série d'hypothèses liant couleurs, sons et psycho-électricité (voir p. 19) dont les fondements vont donner naissance à des techniques permettant de travailler sur vos états internes et plans inconscients. Chaque jour, vous passez par différents états vibratoires – vos « humeurs vibratoires » étant des niveaux de résonance vibratoire – très fortement influencés par certaines fréquences sonores, souvent inaudibles mais présentes en permanence autour de vous. Ce sont les sono-résonances, aussi appelées « couleurs sonores ».

Ces sons, ou fréquences sonores, sont des énergies puissantes agissant sur la quasi-totalité de vos états personnels, de vos états d'être. Elles interagissent en permanence sur et avec vos plans inconscients. Véritable langage pour le corps, l'esprit, et votre « essencialité », que vous pouvez apprendre à maîtriser et à utiliser à votre avantage.

Ces sono-résonances sont le principe actif qui permet l'action énergétique et éventuellement psychothérapeutique des sono-supports. Un sono-support est une plage sonore non mélodique, harmonique et non aléatoire dont l'émission – par des haut-parleurs ou par un casque – induit automatiquement des changements d'états cérébraux immédiats et incontrôlables par l'auditeur.
À l'état normal de veille, elles restent à un niveau de perception subliminale, il est donc difficile de consciemment les percevoir, les guider et les maîtriser. L'homme se contente de les subir, sans le savoir.
En déclenchant, grâce à des textures sonores spéciales, les états de conscience adaptés, on peut guider la manière dont ces sono-résonances agissent sur nous. Et apprendre à nos fonctions inconscientes à les déceler, à les diriger et à les exploiter chaque jour.

Comment les sono-résonances agissent sur vous

Selon la manière dont vous allez les utiliser/percevoir, ces résonances – qui sont présentes en permanence dans diverses proportions – vont avoir ou pas une très forte action sur vous, en produisant, ou pas, un ensemble de pollutions personnelles et psychiques.

Certaines personnes les subissent, et d'autres ont appris à les contrôler, pour en tirer parti. Tout état inadapté au contexte, dans sa manifestation extrême, peut devenir néfaste. Il est donc primordial de les contrôler pour ne plus les subir, de choisir celles qui seront, selon le moment, les plus nécessaires et adaptées à vos objectifs.

Ces pollutions psychiques peuvent se diviser en sept catégories dites « majeures », symboliquement associables aux sept notes de notre gamme tempérée. Attention, comme beaucoup de modèles de compréhension, ces associations ne sont que symboliques, et ces pollutions ne correspondent qu'approximativement aux

fréquences de ces notes :
• Do – blanc : l'influençabilité et la sujétion ;
• Ré – rouge : l'insécurité et le doute ;
• Mi – jaune : l'absence de courage et le désespoir ;
• Fa – vert : la solitude et le sentiment d'impuissance ;
• Sol – bleu : la peur et l'angoisse ;
• La – violet : la langueur et l'indifférence ;
• Si – noir : les soucis excessifs, la maladie et l'épuisement.

Utilisés comme éléments thérapeutiques, les sono-supports deviennent les outils idéals capables d'harmoniser, de réguler et de maîtriser les états qui nous sont néfastes et polluent notre quotidien.

De la même manière, ces sono-résonances sont symboliquement associées à des vibrations harmonisantes et épanouissantes :
• Do – blanc : chakra du périnée : motivation, évolution, et réussite des objectifs ;
• Ré – rouge : chakra solaire, deux doigts au-dessus du nombril : charisme, influence, respect de la part des autres ;
• Mi – jaune : chakra du cœur : plénitude affective et sentimentale ;
• Fa – vert : chakra trois doigts sous le nombril : énergie, dynamisme et bonne santé ;
• Sol – bleu : chakra de la gorge : confiance en soi, calme et assurance ;
• La – violet : chakra du troisième œil : intuition, tolérance, et méditation ;
• Si – noir : chakra du haut de la tête : génie, communication, et intelligence supérieure.

Lorsque vous utilisez les cartes PDC Couleurs, des vibrations spécifiques peuvent être immédiatement décryptées par certaines parties inconscientes de votre cerveau. Les processus ancestraux comme l'harmonisation et les capacités naturelles d'autoguérison vont s'activer selon votre évocation mentale en quelques minutes. Nous savons que les sons correspondent à des vibrations, ayant des vitesses propres, des rythmes différents, des longueurs d'onde… Il suffit de les combiner aux couleurs adaptées pour démultiplier les résultats souhaités, grâce aux résonances harmoniques.

Ces supports vibratoires travaillent à deux niveaux. Un niveau conscient et un niveau inconscient, le principal. Au fond, vous n'avez pratiquement rien à faire consciemment pour que soient déclenchés en vous les processus nécessaires. À partir de votre séance journalière, tout se fait de manière subliminale lorsque vous dormez, parlez, vivez… sans y penser ; ce petit programme fonctionne en permanence dans vos parties inconscientes.

C'est ce qui rend presque magique ce type de méthode et explique son succès : vous n'y pensez pas et pourtant cela fonctionne toute la journée !

À quelle vitesse se dessinent les résultats ? Cela dépend surtout de vous, de votre corps, de votre volonté, de votre sérieux et de votre investissement personnel. En général, dès les premiers jours, vous sentez déjà qu'une transformation s'opère au plus profond de vous.

Technique : sono-résonances et couleurs sonores

La technique est très simple à mettre en pratique. Les principes d'action s'articulent autour de trois axes principaux : évocation mentale, supports couleur et vibrations adaptées des CD de textures sonores. Selon les résultats attendus et le type de supports, la technique varie. Profitez de l'utilisation de ces outils grâce aux cartes PDC Couleurs.

Selon les textes millénaires de musico-chromothérapie, les bénéfices sont nombreux. Déclenchez et renforcez :

- les processus naturels de guérison et d'autoguérison ;
- l'harmonie personnelle ;
- l'équilibre ;
- la concentration ;
- les énergies sexuelles ;
- la méditation ;

- le bien-être ;
- la restauration des rythmes naturels et du sommeil ;
- l'intuition ;
- la confiance en vous ;
- le charisme ;
- la régénération physique, émotionnelle, mentale, « essencielle » et spirituelle.

Débarrassez-vous des pollutions journalières : peurs, angoisses, stress, doutes, épuisement…

Vous allez maintenant utiliser les chromo-supports contenus dans les cartes PDC Couleurs. Vous pouvez vous procurer les textures sonores sur Internet, mais il est également possible de réaliser l'exercice ci-dessous sans CD. Ces textures ne peuvent pas être fabriquées artisanalement et doivent absolument être mixées professionnellement.

- **Phase 1.** Choisissez une pièce calme, bien aérée, où vous serez tranquille et seul pendant 30 minutes. Réglez le chauffage sur une température moyenne, ni trop froide, ni trop chaude, ni trop étouffante. L'humidité de l'air doit elle aussi être moyenne et l'ambiance, confortable et agréable. Tamisez la lumière en fermant en partie les volets. Quelques huiles essentielles relaxantes – camomille, orange, lavande officinale, myrrhe, mandarine… – peuvent vous aider dans vos visualisations.
- **Phase 2.** Installez vos chromo-supports – la moitié du jeu de cartes PDC Couleurs, c'est-à-dire une seule carte de chaque couleur –, face colorée vers vous en un paquet ordonné, du haut du paquet vers le bas : blanc – rouge – jaune – vert – bleu – violet – noir.

Placez sur la carte blanche, en haut du paquet, une des cartes PDC Symboles, médaillon vers vous afin de masquer la carte blanche.

- **Phase 3.** Faites quelques respirations calmes. Lorsque vous êtes prêt, à l'aide de la télécommande, démarrez la lecture du CD de textures sonores adapté aux techniques de visualisation « couleurs ».

Si vous n'avez pas encore de CD de textures sonores, passez à la phase suivante.

• **Phase 4.** Prenez quelques minutes pour vous recentrer et laisser passer les idées – comme durant vos méditations Zazen –. Si vous avez le CD, la texture sonore actuelle est préparée dans ce but. Concentrez-vous sur votre respiration et sur son chemin dans votre corps. Conscientisez le doux va-et-vient de l'air. À chaque cycle, visualisez son passage progressif depuis votre périnée jusqu'au haut de votre tête.

Si vous n'avez pas de CD de textures sonores, pratiquez cette phase environ 9 minutes.

• **Phase 5.** Sur les instructions du CD, commencez votre respiration dynamique préparatoire et prononcez lentement en silence dans votre tête :

– à chaque inspiration : « je suis inspir » ;

– à chaque expiration : « je suis expir ».

Retenez votre souffle 2 ou 3 secondes après chaque phase respiratoire.

Si vous n'avez pas encore de CD de textures sonores, pratiquez cette phase environ 7 minutes.

• **Phase 6.** Laissez-vous guider par les instructions du CD, découvrez votre premier chromo-support et gardez vos mains sur le plateau, posées à droite et à gauche du chromo-support, à environ 10 centimètres.

Si vous n'avez pas encore de CD de textures sonores, enlevez simplement la carte « Intrus » du jeu PDC Couleurs et découvrez la face blanche face à vous.

• **Phase 7.** En gardant les yeux ouverts, à l'inspiration, visualisez la couleur entrant par votre nez sous forme d'un doux gaz coloré. Prenez conscience de son passage à l'entrée de vos narines. Faites descendre mentalement et monter ces vibrations couleurs le long de votre colonne vertébrale. Vous êtes en train d'absorber de précieuses colo-résonances.

• **Phase 8.** En fin d'inspiration, retenez votre respiration de 8 à 10 secondes en fermant les yeux et concentrez-vous sur le chakra correspondant au chromo-support. Sentez comme il se dilate et bat légèrement, tel votre cœur. Il se gonfle d'énergie et de colo-résonances.

• **Phase 9.** En conservant les yeux fermés, expirez doucement. L'air sort tout seul de vos poumons, ce n'est pas une expiration musculaire, mais simplement les poumons qui se vident sans tensions. Simultanément, visualisez la couleur se répandre dans chacune de vos cellules depuis votre chakra. Sentez maintenant les colo-résonances nourrir chacune de vos molécules, et se répandre jusqu'aux extrémités de vos membres.

• **Phase 10.** En fin d'expiration, retenez votre respiration 3 ou 4 secondes. Le moment est très agréable.

Les phases 7 à 10 représentent un simple cycle respiratoire complet et durent de 40 à 45 secondes.

• **Phase 11.** En suivant les instructions du CD, passez le premier chromo-support, à l'arrière du socle. Le deuxième chromo-support apparaît.

• **Phase 12.** Recommencez les phases 6 à 11, et ainsi de suite jusqu'au dernier chromo-support.

• **Phase 13.** Lorsque vous êtes arrivé à la fin de votre colo-méditation avec le dernier chromo-support, placez-le à l'arrière des autres.

• **Phase 14.** Rangez vos supports dans leur étui calmement et sans parler. C'est un rituel. Puis dès que vous vous sentez prêt, sortez de la pièce pour retrouver l'agitation du monde. Observez comme vous vous sentez bien maintenant, gorgé d'énergie et de dynamisme serein.

Pratiquez ces séances de 1 à 3 fois par semaine. En période de crise ou de stress, faites des séances plus longues où les phases 6 à 9 sont répétées durant 9 cycles respiratoires par chromo-support.

Contrairement à d'autres techniques moins simples, vous allez apprendre très rapidement à exploiter la puissance des vibrations couleurs par des séances d'une vingtaine de minutes. Plus vous pratiquez, plus vous êtes relaxé, plus vous vous épanouissez et retrouvez une harmonie interne. Simultanément, les processus nécessaires pour harmoniser en permanence les colo-résonances vont se déclencher automatiquement en vous lorsque vous réécoutez les CD de textures sonores. Durant les heures qui suivent – si vous le voulez –, vos parties inconscientes vont continuer à travailler toutes seules pour des résultats durables sans que vous ne vous en rendiez compte... Plus vous maîtrisez ces colo-résonances, plus vous apprenez à les utiliser inconsciemment dans votre vie quotidienne. En apparence, vous pourriez penser que cela est magique. En réalité, sans que vous en ayez conscience, ce sont vos parties inconscientes qui travaillent jour et nuit à votre épanouissement. Le mode d'action est comparable à celui du psychomodeling (voir p.96). C'est aussi une méthode simple, rapide, naturelle, adaptée et scientifique.

Guide d'écoute optimale des textures sonores

Pour une expérience optimale des textures sonores, il est important de respecter quelques consignes.

Le mixage de ce type de CD a été étudié afin de générer et de modifier la proportion des différentes fréquences entendues selon votre volume d'écoute.

Vous pouvez les écouter de plusieurs manières :

• avec un casque de bonne qualité, à partir d'un lecteur de CD de salon, un ordinateur, un iPad, un iPod – conservez la forme initiale du fichier en AIFF et non en MP3 ;

• à faible volume en texture sonore avec votre chaîne hi-fi, en « tapisserie sonore » pour harmoniser votre environnement ou pour votre endormissement par exemple. Lorsque les textures sonores sont utilisées à faible volume, elles peuvent être diffusées 24 heures sur 24 dans votre environnement ;

• à volume plus élevé avec votre chaîne hi-fi durant des exercices particuliers : reiki, respiration énergisante, endormissement, orgasme profond harmonisé...

Certaines personnes apprécient les fréquences de leurs textures sonores dès la première séance alors que d'autres ont besoin de les écouter en boucle plusieurs fois avant d'en ressentir immédiatement les effets.
Les enregistrements comportent diverses inversions de phases et de fréquences non audibles consciemment, mais indispensables à l'efficacité des textures.
Utilisez toujours les versions originales fournies (format de CD standard : AIFF).
En effet, la copie ou l'importation au format MP3 détruisent ces informations sensibles et fréquences actives. Pour utiliser vos textures dans un iPod, importez le fichier sans aucune compression ni extrapolation, au format WAV ou AIFF.
Puisqu'elles sont destinées à modifier vos états de conscience et de vigilance, utilisez vos textures sonores uniquement dans des contextes où ni votre attention ni votre concentration ne sont sollicitées. N'employez jamais vos textures sonores pendant la conduite d'un véhicule ou le jogging, ni en marchant au bord d'une route par exemple.

Les textures sonores ne se substituent ni aux prescriptions d'un médecin, ni à son diagnostic, ni à aucun traitement. L'utilisation des textures sonores est soumise à votre évaluation et à votre discernement. Si vous décidez, de votre propre chef, de les écouter, il vous revient, au constat des résultats, de continuer à les utiliser ou pas pour votre évolution personnelle, en veillant au respect d'autrui (mental, physique, affectif et spirituel). Vous êtes responsable de la vie que vous vous créez.

Voir par la peau : la dermoperception

Votre découverte et la prise de conscience (PDC) de vos capacités d'absorption des vibrations colorées et sonores vous permettent dès à présent d'expérimenter un phénomène que la science actuelle ne sait où classer entre PES et PHS. Les études en neuroconscience et le *neuro-imaging* convergent : même si nous possédons des organes très spécialisés, dévolus à la perception de certains stimuli – l'œil pour la vision, l'oreille interne pour l'ouïe… –, notre corps en intégralité est sensible à tout type de stimulations, qu'elles soient visuelles, sonores, odorantes…

La luminothérapie, en proposant d'exposer le corps à des lampes colorées, a depuis longtemps exploité cette caractéristique de notre peau, qui peut absorber et « voir » les différentes longueurs d'onde de la lumière qui définissent les couleurs. Les Grecs utilisaient déjà les bienfaits de l'« eau solarisée » en chargeant les liquides contenus dans des bouteilles colorées[24].

Ainsi, parmi les très nombreuses recherches menées pendant la guerre froide dans les laboratoires russes et américains, plusieurs portaient sur la capacité que l'homme a de « voir » avec ses mains – ici l'extrémité des doigts. Certaines semblent conclure que cette faculté naturelle, peu utilisée consciemment, est directement liée à l'interaction des radiations infrarouges émises par les mains et celles du support coloré. Quoi qu'il en soit, rien ne vaut sa propre expérience ! Vous allez donc à votre tour tester votre sensibilité à ce phénomène de dermoperception, classée parmi les perceptions visuelles extrarétiniennes ou dermovision.

Déroulement de l'exercice

Choisissez des conditions favorables aux PES, comme nous l'avons vu plus haut, en veillant à être au centre d'une grande pièce, le plus loin possible de murs blancs ou de grands aplats de couleur. Vous veillerez aussi à essuyer soigneusement vos doigts – avec un chiffon de soie douce ou de cachemire car non générateurs d'électricité statique – afin qu'ils soient secs et sans gras. Vos mains doivent être tièdes ou légèrement chaudes, mais surtout pas froides.

[24] Pour découvrir la méthode complète, voir, du même auteur, *Devenez la meilleure version de vous-même*, *op. cit.*, p. 253 et suiv.

1. Asseyez-vous à une table avec sur vos genoux – donc sous la table – un plateau gris moyen et neutre – n'importe quel plateau recouvert d'une feuille cartonnée de cette teinte convient –, sur lequel vous posez le jeu complet de cartes PDC Couleurs en un tas, face colorée vers le haut. Sur la table également, un bloc-notes (à spirales) et un stylo recouvert d'un papier de couleur neutre, gris moyen par exemple. Il est important de ne pas mettre de nappe sur la table pour qu'il y ait le maximum de lumière naturelle en dessous. Vous pouvez remplacer le stylo par un Dictaphone, en mode « déclenchement automatique » à la voix.

2. Assis à votre la table, avec le plateau sur vos genoux et les cartes PDC Couleurs juste mélangées, à l'aide d'un bandeau opaque – disponible en pharmacie ou dans les avions –, plongez-vous dans l'obscurité de 10 à 15 minutes. Cette phase très importante signale au cerveau que votre vision rétinienne n'est plus disponible pour l'instant et qu'il va devoir se concentrer sur ses autres types de vision. En utilisant des musiques relaxantes ou une texture sonore adaptée à la relaxation active, vous aurez une excellente maîtrise du temps écoulé. L'idéal est que vos doigts restent pendant ce temps inactifs et posés sur le plateau.

3. Lorsque ces 10 à 15 minutes de pause « sans lumière » sont écoulées, déplacez doucement vos doigts sur le tas de cartes PDC Couleurs : la face tournée vers le haut comporte – si vous avez suivi les instructions – une pastille dont vous ignorez la couleur.

Votre but est simple : tout en gardant les yeux dans l'obscurité du bandeau, il vous faut percevoir la couleur. Laissez les sensations venir sans vous poser de questions. « Laissez les choses se faire » pour que tout votre corps devienne un organe perceptif. Les élèves en formation s'amusent beaucoup à ces tests et apprennent progressivement à « délocaliser » l'ensemble de leurs perceptions dans diverses zones de leur corps. Les possibilités d'application sont très étendues, comme par exemple envoyer ses propres perceptions dans le corps d'une autre personne en se projetant mentalement. Bien que de prime abord cela semble complexe, c'est un processus à intégrer avec lequel vous allez vous familiariser rapidement.

4. Lorsque vous avez une idée de la couleur, prenez la carte et posez-la sur la table. Notez sur votre bloc-notes – en majuscules car écrire avec un bandeau n'est pas simple – vos ressentis et le chiffre 1, puis tournez la page du bloc.

Reposez vos doigts une bonne minute sur le plateau gris. Vous êtes alors prêt pour une deuxième carte à tester dans les mêmes conditions. Attention, puisque vous utilisez le jeu complet, une couleur peut revenir deux fois.

Lorsque vous aurez ainsi testé de 3 à 5 cartes, prenez un peu de repos et enlevez votre bandeau pour vérifier vos résultats. Cet exercice n'est pas fatigant, il ne demande que de l'attention et du lâcher-prise. Il peut être fait régulièrement deux fois par jour. Votre capacité naturelle va se manifester assez vite. Pour améliorer votre acuité et votre rapidité de perception, il sera indispensable d'utiliser des techniques d'entraînement plus complexes, des protocoles qui nécessitent d'être supervisés en formation.

La mémoire des objets

Prendre un objet dans la main et, par ce seul contact, réussir à deviner son histoire, sa nature, son origine, ou l'histoire de ses propriétaires actuels et passés, est la manifestation d'une PES de type postcognition appelée « psychométrie », ou cryptesthésie pragmatique ou métagnomie tactile. Ces « postcog » – pour postcognitifs – ne sont en général pas gênés par le fait que ces objets sont hors de leur vue, à l'intérieur d'une boîte ou d'une enveloppe. Le toucher est le sens le plus souvent mis à contribution pour déclencher cette PES.

Les *psychic detectives*, comme nous l'avons étudié (voir p. 44), utilisent souvent cette technique. Des services de police et de gendarmerie, mais aussi des services de renseignements et même des institutions militaires s'intéressent à la psycho-

métrie et s'en servent parfois. Toutefois, que ces administrations fassent appel à des extrasensoriels ne prouve pas nécessairement l'efficacité de la psychométrie. Les policiers font le pari du paranormal dans la mesure où la technique psychométrique ne présente *a priori* aucun risque particulier et ne les gêne pas dans l'enquête. De plus, la présence d'un extrasensoriel peut, parfois, suffisamment impressionner un suspect pour le faire passer aux aveux, puisqu'il est convaincu que, de toute façon, tout va être découvert de façon « paranormale ». Alors, si elle peut contribuer à résoudre une affaire criminelle, pourquoi ne pas essayer ? Dans les cas de disparition, l'extrasensoriel prend en main un objet ayant appartenu à la victime ou à l'agresseur, puis il énonce des faits, des noms, décrit des lieux, des impressions, des sons, ou dessine des images ainsi que tout ce qu'il ressent. L'ensemble est soigneusement consigné et éventuellement pris en considération par les enquêteurs.
Ce phénomène soulève certaines questions :

- Les objets « enregistrent-ils » des informations relatives à leur histoire ?
- Par quel moyen transmettent-ils ces informations au postcognitif ?
- Ou alors existe-t-il un « réseau » ou un « canal » hors de l'objet, sur lequel il est possible de se connecter pour tout savoir à son sujet ?
- Ces informations sont-elles stockées ou disponibles dans des plans parallèles ?
- Comment certains êtres humains peuvent-ils capter cette « mémoire des choses » ?

Mais viennent surtout se poser les questions relatives à la définition du temps. Est-il linéaire ou au contraire une succession de plans dimensionnels ? Quelles sont les interrelations entre ces différents plans ? Et comment peut-on naviguer entre ces dimensions (passé, présent et futur) ?
Après ces premières informations sur la psychométrie, à vous de tester vos capacités psychométriques à l'aide d'exercices simples établis avec l'expérience de plusieurs postcognitifs experts.

Une épingle dans une meule de foin[25]...

(avec l'autorisation d'Yves Lessage)

« Lorsque des enquêtes criminelles piétinent, ou dans des cas de disparitions difficiles, les autorités font parfois plus ou moins officieusement appel aux services de mentalistes. Afin de tester l'efficacité de telles pratiques, le 26 septembre 1996 à Montréal (Québec), les médias tentèrent avec Pascal de Clermont ce qui allait devenir une première mondiale. La règle était simple : retrouver l'épingle à cravate d'un participant secrètement dissimulée quelque part dans la zone de Laval-Montréal (plus de 400 kilomètres carrés). Au matin, une équipe de journalistes, un caméraman et quelques témoins partirent ce jour-là en toute discrétion, cacher soigneusement l'objet. L'équipe retrouva ensuite Pascal de Clermont à ses bureaux, accompagnée d'une personne rompue aux techniques de l'illusionnisme afin de garantir l'honnêteté du protocole. Pascal travailla d'abord à l'aide d'un pendule sur une carte de la région et encercla une zone de banlieue : Saint-Laurent. Rendu sur place, il tenta de se projeter mentalement dans l'épingle. *« Je me sens en équilibre, je suis dans l'épingle. J'entends un chien qui aboie tout près, je vois aussi de petits animaux qui ne font pas de bruit. Je suis dans le noir mais en équilibre, rien en dessous, rien par-dessus »*. Parcourant la rue, il se dirigea finalement vers un jardin, s'arrêta devant le barbecue extérieur puis s'exclama : *« C'est ici ! »* Il souleva alors le couvercle, l'épingle était là dans le noir, en équilibre sur les grilles. De plus, toutes ses perceptions étaient exactes. Le voisin avait un chien, qui bien que sage durant l'expérience n'avait cessé d'aboyer le matin même alors que l'épingle était dissimulée. Quant aux petits animaux silencieux, nous apprîmes que le propriétaire du jardin (ami de l'un des témoins) avait deux petits chats blancs...

Expérience 1 : test de base

• Phase 1. Votre première expérience

1. Empruntez divers objets personnels à vos proches. Peu importe l'objet, tant qu'ils le possèdent depuis au moins deux semaines.

2. Prenez ces objets en main et respirez lentement.

[25] Consultez l'article original, sur la page officielle Facebook de l'auteur, voir « Ressources » p. 159.

3. Laissez venir vos impressions et décrivez tout ce que vous ressentez, sur un Dictaphone ou un autre mode d'enregistrement. Laissez tourner la bande en permanence, sans interrompre l'enregistrement. Vous allez peut-être remarquer que les « informations » ou les « sensations » viennent surtout lorsque vous inspirez. Laissez faire votre intuition, sans chercher à réussir à tout prix, sans vous crisper, sans espérer un résultat dès le départ. Lors des premières tentatives, ne perdez pas de temps à vérifier l'exactitude de vos ressentis. Pour le moment, c'est votre imagination qui prime, laissez-la vagabonder. La précision et l'acuité viendront avec le temps et la pratique.
Entraînez-vous chaque fois que vous le pourrez. La technique consistant à laisser venir librement vos impressions et à les trier ensuite est appelée « brainstorming extrasensoriel ». Vous y ferez appel très largement dans une grande majorité d'exercices de PES.
Vous sentirez peut-être après l'exercice une sensation de fatigue et de chaleur, ou de froid si vous êtes entré mentalement dans l'objet.

• Phase 2. Votre pratique

Dès que vous allez vous sentir en confiance, améliorez vos résultats en refaisant l'exercice de l'étape 1, mais cherchez cette fois la précision plutôt que la quantité d'informations. Visualisez le centre de votre paume qui aspire l'objet à chaque inspiration. À chaque expiration, laissez la sensation se répandre partout dans votre corps. Vous vérifierez avec le propriétaire la réalité de vos ressentis en consignant votre pourcentage de vrais et de faux.
Le choix des objets pour vos expériences est primordial. Évitez les objets manipulés par des dizaines de personnes, comme une pièce de monnaie. Favorisez les objets personnels et/ou attachés à leur propriétaire par un lien affectif. Les éléments organiques sont aussi intéressants à explorer – cheveux, ongles… –, tout comme les vêtements portés récemment. Les photos numériques semblent peu pratiques à « sonder », bien que certains tests utilisent comme support un pixel extrait d'une photo et agrandi puis imprimé. Les photos argentiques

semblent plus « parlantes », l'idéal étant des clichés Polaroid (certains psychomètres utilisent en support un bac à sable, où le sujet laisse l'empreinte de sa main). Dans un premier temps, il sera aussi préférable de centrer vos impressions sur un seul domaine – vie affective de la personne, sa santé, ses peurs, son apparence… – avant de travailler à obtenir une vision plus holistique.

Expérience 2 : quelle est son histoire ?

1. Demandez à un ami de vous apporter un objet – enveloppé dans du papier d'aluminium – sans vous donner aucune information.
2. Lorsque vous êtes seul, sortez l'objet du papier d'aluminium en prenant soin de ne pas le voir pour ne pas être influencé. L'idéal est de porter un bandeau sur les yeux, sinon, déballez-le sous une couverture ou sous la table.
3. Manipulez-le et aspirez-le sur l'inspiration ou rentrez dedans sur l'expiration tout en enregistrant vos impressions sur le Dictaphone posé sur la table (évitez les contacts physiques avec le Dictaphone).
4. Replacez votre cible (l'objet) dans le papier d'aluminium.
5. Recommencez ce test plusieurs jours de suite, en vous concentrant sur les différentes impressions.
6. Lorsque, après plusieurs jours, vous avez l'impression d'avoir épuisé vos perceptions, vérifiez-les auprès du propriétaire de l'objet.

Une variante plus difficile de cette expérience consiste à remplacer l'objet par une photographie, ou des lettres anciennes, manuscrites de préférence.

Expérience 3 : qui est le propriétaire ?

Tentez de décrire l'histoire et le propriétaire d'un objet fourni par un ami mais qui ne lui appartient pas. L'idéal est que cet ami ignore aussi les informations

qui sont liées à l'objet et qu'elles ne soient vérifiées auprès du propriétaire qu'à la fin de l'expérience.
Comme dans l'expérience précédente, une variante plus difficile consiste à remplacer l'objet par une photographie.

Expérience 3 bis : qui sont les propriétaires ?

1. Demandez à des amis de vous apporter, le même jour, plusieurs petits objets, toujours sans vous donner aucune indication. Ces objets doivent être transportés séparément, sans contacts physiques entre eux et, de préférence, emballés dans du papier d'aluminium. Bien sûr, vous ne devez pas voir ces objets.
2. Les objets sont mélangés dans un sac. Vous devez noter les impressions reçues de chaque objet en plongeant les mains dans le sac. Deux protocoles sont alors possibles : soit les objets dans le sac restent emballés dans le papier d'aluminium, soit ils sont déballés avant d'être mélangés dans le sac. Choisissez ce qui donne, pour vous, les meilleurs résultats.

N'hésitez pas à prendre des notes vocales avec le Dictaphone et à recommencer si vous n'êtes pas sûr de vous. Lorsque vous sentirez que vous ne « recevez » plus rien de nouveau, tentez d'attribuer un propriétaire à chaque objet.

Pour aller plus loin. Nous allons maintenant franchir une nouvelle étape : vous n'aurez plus de contact direct avec les objets utilisés. Au sens strict, nous débordons légèrement du cadre de la psychométrie. En effet, d'un point de vue purement technique, la psychométrie se contente de « lire la mémoire » des événements inscrits dans la matière, mais ne détecte pas nécessairement la nature de l'objet. Cela relève plutôt de la clairvoyance ou de la voyance. Toutefois, la limite entre ces diverses perceptions extrasensorielles n'est pas absolue. Découvrez de nouvelles sensations grâce aux protocoles suivants.

Expérience 4 : les lettres

Ne ramassez pas vous-même votre courrier. Faites mettre chacune des enveloppes dans une grande enveloppe opaque et tentez de deviner l'origine et la nature de chaque lettre.

Expérience 5 : les objets mélangés

1. Choisissez cinq ou six petits objets qui vous appartiennent.
2. Posez-les côte à côte, sans contact entre eux, puis prenez-les un par un dans vos mains.
3. Inspirez comme pour absorber les vibrations de chacun d'eux et notez mentalement les différences et les similitudes.
4. Cachez ensuite chaque objet dans une boîte opaque.
5. Mélangez les boîtes et tentez, sans les remuer ni les soupeser, de ressentir ce que chacune contient.

Lorsque vos résultats atteindront régulièrement 40 % (2 réussites sur 5), vous pourrez supposer qu'il se manifeste un phénomène paranormal. À titre de comparaison, après quelques séminaires, certains élèves arrivent assez rapidement à 60-70 % de réussite. Pourquoi pas vous ? N'oubliez pas, cependant, que vous ne réussirez probablement pas à 100 % dès la première fois, même si tout peut arriver… Continuez à vous entraîner sans relâche et à observer : c'est la règle d'or.

Expérience 6 : la torture

1. Pour travailler votre capacité à vous projeter mentalement, passez plusieurs jours à manipuler, à vous projeter dans l'un de vos objets personnels et à vous y associer mentalement.
2. Prêtez cet objet à un ami en lui demandant de le soumettre, à heure fixe, à des

traitements divers : eau chaude, caresse, coups, chaleur, torsion... L'important est qu'il consigne précisément quelle a été la manipulation à tel jour et à telle heure. Votre but consiste à ressentir à distance comment est traité votre « prêt »[26].

Expérience 7 : le test des objets/couleurs

Vous utiliserez le jeu de cartes PDC Couleurs.

1. Demandez à un ami de placer pendant quelques minutes un petit objet personnel sur l'une des cartes PDC Couleurs, puis de vous apporter l'objet et le jeu complet mélangé.
2. Vous devez : ressentir la couleur que vous évoque l'objet quand vous fermez les yeux (est-ce celle sur laquelle il était ?), placer toutes les cartes du jeu PDC Couleurs face à vous – face colorée en haut – et ressentir laquelle conserve la mémoire de l'objet en passant votre main au-dessus.

Une variante consiste à demander à votre ami, après qu'il a placé le petit objet sur une des cartes de vous apporter l'objet, le jeu de cartes PDC Couleurs et plusieurs petits objets mélangés. La difficulté supplémentaire est de déterminer quel objet était sur quelle carte.

Une seconde variante consiste à exposer plusieurs petits objets sur plusieurs cartes et à vous donner l'ensemble en vous demandant de « refaire les paires » et de deviner quels objets étaient sur quelles cartes. Les mêmes exercices peuvent être faits avec des objets placés sur les cartes PDC Symboles.

Avec de l'entraînement, vous allez rapidement obtenir des résultats étonnants tout en explorant avec vos amis de nouveaux plans de perception.

[26] Voir aussi encadré « Une épingle dans une meule de foin », p. 130. Dans cette expérience, l'auteur se projette mentalement dans une épingle dissimulée à des kilomètres de lui.

Au-delà de nos plans de conscience habituels... Rencontre avec les flux externes[27] !

De prime abord, le sujet peut sembler échapper totalement au domaine du mentalisme, discipline qui, selon sa définition historique, permet à chacun de retrouver et d'exploiter ses propres capacités latentes, et non de travailler sur des courants, flux et « énergies » qui semblent extérieurs à l'homme. Pourtant, classées en parapsychologie expérimentale comme la troisième branche des manifestations de Psi Kappa – phénomènes objectifs de subnormalité –, ces techniques couvrent un territoire à cheval entre le réveil et le développement des capacités propres à l'être humain, dans la manifestation limitée de ses trois dimensions physiques perceptibles. Le développement, ou la « compréhension », de l'influence de sa propre multidimensionnalité sur des plans non perceptibles[28] – du moins en état de conscience classique (éveil) ou modifié.

Il est parfois peu facile d'accepter ces « dimensions » très différentes avant d'y avoir été soi-même confronté directement. Mais toute véritable évolution se fait en défrichant et en progressant dans des territoires inconnus. Aussi, afin d'apporter une ouverture nouvelle sur ce qu'il se passe peut-être dans les autres dimensions – plans – d'existence et sur ce qui semble coexister en parallèle à nos perceptions journalières, je vous propose une expérience simple. Pour éviter toute controverse, les commentaires sur les résultats et sur les conclusions à en tirer seront peu développés. Tout ce qui concerne la foi, les convictions – spirituelles, mystiques, religieuses –, les croyances profondes de chacun sont des domaines trop personnels. Vous pourrez en revanche partager vos résultats, photos, impressions, interprétations et ressentis avec les autres passionnés sur le forum[29] gratuit consacré au livre.

[27] D'après le manuel des formations certifiantes PDC en mentalisme et coaching mental.
[28] Voir les trois chapitres consacrés à ce sujet dans l'ouvrage du même auteur, *Mentaliste*, *op. cit*, p. 121 et 219.
[29] Voir « Ressources, p. 159.

Une grande partie de la communauté scientifique s'intéresse depuis longtemps aux phénomènes qu'elle qualifie de flux d'« énergies » externes à l'homme. Freud et Jung y accordaient déjà beaucoup d'attention. L'ensemble des connaissances scientifiques en la matière a considérablement évolué ces dernières décennies. La mise au point de scanners thermiques, détecteurs de champs électromagnétiques, caméras infrarouges, micros très perfectionnés et tout un arsenal d'instruments de mesure en permettent aujourd'hui une étude plus documentée, quantifiable et plus précise que la subjectivité « relative » des perceptions humaines.

Fruit d'un long travail de documentation, de simplification et de tri, et aussi d'expériences et de rencontres, la plupart des informations de ce chapitre proviennent de rapports documentés, étayés par des manifestations physiques sûres, répétées, mesurables et avérées. Il convient d'y ajouter de multiples phénomènes extradimensionnels (ED) rencontrés lors des séances en ECE[30] et durant les cercles de transformation-révélation[31]. Les expériences décrites ont été effectuées selon des protocoles scientifiquement établis et fiables qu'il serait fastidieux de décrire ici, mais qui demeurent à disposition sur le forum.

Ce chapitre ne prétend toutefois pas représenter la vérité universelle sur les « au-delà ». Il est humblement destiné à vous offrir une porte ouverte sur des dimensions d'existence et de perceptions différentes.

Multidimensionnalité

Notre univers physique, on le sait à présent, est multidimensionnel, alors que notre perception sensorielle ne prend en compte que trois dimensions : latitude, longitude et hauteur. Ces seules valeurs suffisent à déterminer la position

[30] État de conscience étendue. Voir le chapitre consacré à ce sujet dans l'ouvrage du même auteur, *Mentaliste*, *op. cit.*, p.121 et suiv.
[31] Ces cercles de transformation-révélation sont proposés de manière facultative et en soirée aux élèves en formation de coach mental ou mentaliste.

exacte d'un point dans notre espace – du moins dans la perception limitée que l'on en a. Et un ensemble de points ainsi positionnés peut décrire n'importe quel « objet » autour de nous. C'est une perception en 3D de notre réalité, ou du moins de la représentation que l'on s'en fait. À celles-ci vient s'ajouter la dimension subjective du temps, notre quatrième dimension perceptible. En effet, si vous donnez rendez-vous à une amie en fixant la latitude et la longitude – donc l'adresse exacte de l'endroit –, puis la hauteur – pour l'étage, il faut aussi déterminer l'heure du rendez-vous – le temps – pour être sûrs de vous rencontrer. Jusque-là tout est simple…

C'est à l'avènement de la mécanique quantique que l'on doit la compréhension qu'au-delà de ces quatre dimensions coexiste tout un ensemble de plans échappant totalement à notre perception, à notre réalité telle que nous pouvons la percevoir à l'aide de nos cinq sens. Ces dimensions, qualifiées d'hyper-réalités, sont comme les multiples pages qui composent un livre (le contenu de chaque page ignorant ce qui est écrit sur les autres) mais qui seraient toutes imbriquées les unes dans les autres et dans tous les sens…
De plus, que nous ne percevions que trois dimensions de nous-même ne signifie pas que notre « corps » physique n'existe pas dans ces plans non perçus. Et que nous n'apercevrions donc qu'une partie de nous-même. La totalité de nos modèles de compréhension et de notre expérience quotidienne étant en 3D, il nous est peu aisé d'appréhender intellectuellement les répercussions de la multidimensionnalité. Notre cerveau n'est pas vraiment « câblé » pour cela.

Imaginez que vous observiez un petit cochon rose s'ébattant devant son auge. Lorsque vient se joindre à vous un être d'une autre planète qui, lui, ne perçoit qu'en 2D et non en 3D comme vous, ce « Monsieur 2D » ne verrait lui qu'une tranche de jambon à la place du porcelet ! Tranche qui changerait de forme et de volume au fur et à mesure qu'il se déplace par rapport à l'animal.

Les états de conscience étendue permettent parfois de percevoir ce qu'il se passe sur ces autres plans d'existence. Les exemples types sont les rares pratiques chamaniques authentiques ou les cercles de transformation-révélation[32]. L'exploration de ces « hyperunivers » étant infinie, nous allons limiter ici notre expérience à certaines manifestations particulières.

Tout ce qui, depuis d'autres plans, apparaît dans nos plans 3D, ou qui est perçu par nos sens en ECE, est nommé « flux externes ». Leur origine est multiple et pour la plupart inconnue pour l'instant.

Parmi ces flux se distingue un type particulier, perceptible par chacun d'entre nous à l'état naturel d'éveil. Il semble aujourd'hui que ce soit la forme rémanente et décorporée d'un être animal ou humain aujourd'hui décédé. Ces flux, la plupart du temps immatériels, sont dits « flux rémanents ».

Les flux rémanents

Les flux rémanents sont ce qu'il reste d'une personne dans d'autres plans alors qu'elle est pour nous décédée. Ces états de conscience dits « étendus » permettent de les percevoir physiquement : sons, odeurs, images, contacts et touchers. Les recherches – qui tendent à établir que nous existons dans une multitude de plans tous différents et que nous n'en percevons que trois plus le temps : 3D + t – considèrent que ces 3D, qui sont pour nous notre réalité factuelle tangible, sont soumises aux règles d'une physique dite « infraluminique », où l'ensemble des phénomènes se déroulent à une vitesse inférieure

[32] Pratiques issues du chamanisme et des techniques ancestrales de transes, consistant en des séances d'exploration de son propre *continuum* conscience mais en l'absence stricte de drogues ou de psychotropes. En États de conscience étendue, les participants augmentent leurs perceptions au-delà des limites des 3D communément perçues (même page) pour rentrer en contact entre autres avec des flux rémanents. Voir aussi le chapitre consacré à ce sujet dans l'ouvrage du même auteur, *Mentaliste*, *op. cit.*, p.121 et suiv.

à celle de la lumière – 300 000 km/s. La « conscience » étant un phénomène supraluminique, un « courant » circulant plus vite que la lumière entre l'ensemble de nos différentes dimensions pour les relier, même si nous n'en avons pas conscience.

La prise de conscience de cette notion d'hyperréalités imbriquées offre une ouverture dans la compréhension de notre existence par l'éventuelle conservation – une rémanence après le décès – d'une forme d'existence extradimensionnelle et de mémoire extracorporelle de notre corps 3D.

Enfin, certaines personnes particulièrement sensibles réussissent à établir avec ces flux rémanents des formes de communication écrites, verbales ou visuelles intelligibles. Ce sont, selon le sens authentique du mot (datant du XIXe siècle), les vrais médiums (« channels »).

Mais soyons réalistes et particulièrement vigilants, les études et expérimentations dans ce domaine sont unanimes, la quasi-totalité des personnes affirmant posséder ces capacités sont au mieux de bonne foi mais totalement dans l'auto-illusion et, au pire, de sombres escrocs se repaissant de la misère et de la douleur du deuil. Il existe des protocoles très stricts permettant de mettre en évidence d'authentiques capacités de médium et de les séparer des perceptions simplement extrasensorielles. Et la collaboration d'un mentaliste certifié sera dans ce cas d'une grande aide pour distinguer la perle rare perdue dans un océan de crabes…

Départ vers un au-delà

Bien que toujours autant redouté dans nos cultures, le décès est de plus en plus considéré comme le passage vers une autre forme d'existence, temporaire ou permanente, dans un plan différent appelé « dimension ». En attendant, selon vos convictions, une éventuelle réincarnation sur ce plan d'existence, une survivance sous la forme de « rémanence » immatérielle et décorporée, une autre forme d'existence éternelle dans d'autres plans ou une totale disparition. À ce jour, nous sommes encore dans le domaine de la croyance, pas encore dans celui du savoir puisque aucune preuve scientifiquement incontestable n'est venue confirmer ces hypothèses.

Cette théorie progresse pourtant : le corps de chair disparaît, libérant une partie immatérielle fluidique, probablement liée au plan de notre « essencialité » qui rejoindrait un autre plan d'existence pouvant se manifester dans nos 3D sous la forme d'un flux rémanent. Certaines personnes particulièrement sensibles aux PES rapportent, lors du décès d'un proche, pouvoir apercevoir cette émanation fluidique pendant quelques minutes.
Le passage vers cet autre état qu'est la mort s'effectuerait en général sans problème majeur pour la plupart d'entre nous. Cependant certains restent en quelque sorte bloqués et oscillent entre plusieurs plans, dont celui des vivants, malgré leur enveloppe physique partiellement ou totalement détruite.

Diverses raisons semblent empêcher la partie fluidique de changer de plan, créant une sorte de charge énergétique rémanente, concentrée et protéiforme, à cheval sur plusieurs plans. Mais une constante réside dans la nécessité de « prendre conscience et d'accepter son propre décès ».

Si le décès est soudain, inattendu, violent ou précédé de très grandes souffrances physiques, la partie « essencielle » de la personne n'a alors pas conscience de sa propre mort, et reste prisonnière entre les deux plans. C'est le cas de la majeure partie des flux dits « récurrents » qui se manifestent toujours dans un même lieu, souvent celui du décès.

Si, au moment du décès, la personne ne possède plus ses facultés mentales – âge avancé, accident, traumatisme, hypoxie, coma, inconscience profonde, démence… –, il peut alors lui être difficile de prendre conscience de sa mort. Ces situations sont connues sous le nom d'« état de confusion prémortem ».

Si, au moment du décès, la personne se trouve dans un état de très forte négativité mentale, il est probable que la charge de ses propres circulations énergétiques internes soit trop basse pour déclencher et effectuer la transition interplans. Comme lorsque la batterie n'est pas assez chargée pour démarrer le moteur d'une voiture.

Lorsque la personne, au moment de son décès, ressent profondément ou est persuadée qu'il lui reste encore un très important travail à accomplir – protéger un être aimé, se venger… –, il semble qu'elle puisse partiellement et temporairement bloquer le processus de transition. Elle reste alors à cheval sur les deux plans, dont le plan d'existence des vivants. Ce cas est d'autant plus intéressant qu'il montre que l'individu, quelle que soit sa forme – vivant ou flux éthéré –, reste toujours confronté à une dualité et à des choix. Malgré la destruction du corps, l'entité conserve sentiments, humeurs, potentiel intellectuel, désirs, mémoire, etc., c'est-à-dire les caractéristiques de sa personnalité passée. Cet aspect souligne l'importance qu'il y a à profiter de votre état incarné dans un corps de matière, c'est-à-dire durant votre vie physique, pour développer au mieux vos propres capacités, surtout mentales, essencielles et transpersonnelles. L'état « immatériel » de flux rémanents semble très peu propice à ce type de développement.

La personne décédée peut avoir besoin d'un peu de temps pour réaliser et conscientiser son changement d'état, bloquant ainsi involontairement et temporairement la transition. Elle doit d'abord comprendre, accepter et intégrer son nouvel état.

On rencontre aussi des flux rémanents d'origine animale qui, pour diverses raisons, ont dans certaines périodes la capacité et le désir de se manifester auprès des vivants ou de les accompagner. J'ai personnellement, tout comme mes compagnes successives, expérimenté chez moi des « présences animales récurentes » très étonnantes sur de longues périodes.

Un « flux rémanent » est donc une forme fluidique désincarnée humaine ou animale, définitivement débarrassée par la mort de son enveloppe charnelle (qui appartenait à nos 3D + t), se manifestant dans notre plan d'existence. Il s'agit toujours d'êtres humains ou d'animaux présents temporairement sous forme de flux, et régis par des lois physiques différentes de celles que subissent les vivants. Dans le cas des flux d'origine animale, leurs capacités de communication sont souvent limitées. Il ne semble pas avoir été observé de flux rémanents d'origine végétale.

Nous sommes littéralement entourés de flux rémanents et seuls certains ont la capacité de nous percevoir ou de communiquer avec nous. À l'opposé, chacun d'entre nous peut les voir et les entendre, même si seulement quelques médiums privilégiés ou mentalistes parviennent à établir avec eux – de manière innée, involontaire et impromptue – une communication intelligible sur une base régulière. Au-delà de percevoir les flux, le médium reçoit-transmet donc des informations. Il est le lien entre ces deux plans. Une telle séance de communication avec ce type de flux se nomme « channeling » dans la terminologie *new age*.

Reconnaître les flux rémanents

Contrairement à l'image populaire, ces flux rémanents ne se manifestent pas dans des linceuls blancs avec des chaînes, pas plus qu'ils ne portent les mêmes vêtements que le jour de leur décès. Les spécialistes ont établi une sorte de nomenclature des diverses formes et apparences connues. La plupart sont invisibles à l'œil humain : elles nécessitent des éclairages particuliers – infrarouges par exemple –, des conditions spécifiques et le matériel approprié. De plus, ces formes ne sont parfois visibles que pendant un temps très court, rendant difficile une observation continue. Le support idéal est donc la photo ou la vidéo. Il est aussi possible d'enregistrer en audio leurs manifestations sonores (bruits et voix).

Il existe principalement deux méthodes, qui peuvent s'associer, pour percevoir ces flux :

- La perception en temps réel du phénomène qui se déroule devant vous. C'est par exemple la vision d'une forme, d'une lueur, le ressenti soudain de froid. Ce qui compte est qu'un ou plusieurs de vos sens aient la perception en direct au moment où le flux se manifeste. Capacité et finesse de perception dépendent de chacun.
- La perception *a posteriori* du phénomène. Vous n'avez pas perçu – ouïe, vue, toucher… – le phénomène durant son déroulement, mais en découvrez les traces *a posteriori* sur un support d'enregistrement – photo, vidéo, bande audio. L'interprétation de ces « empreintes » comme des tentatives de communication fonde les bases de la « transcommunication ».

Les perceptions *a posteriori* sont les plus courantes, même si chacun est capable, dans des proportions variables selon la personne, de percevoir ces flux rémanents. La difficulté de perception en temps réel réside principalement dans l'inattention et le manque de focalisation de nos sens. Mais passer ses journées à guetter la moindre manifestation serait invivable. Au-delà des difficultés provoquées par l'inattention, et des différents contextes plus ou moins favorables aux observations – intérieur ou extérieur d'une maison, pluie ou temps clair, chaleur ou froid, obscurité ou journée ensoleillée, êtes-vous à l'aise ou pas dans le lieu… –, votre sensibilité aux flux est très variable dans le temps et selon la personne. Elle repose sur trois facteurs principaux :

- **L'inné.** Dès la naissance, certains auront une meilleure vue, une meilleure ouïe que d'autres. Cela dépend de leurs gènes et du bon déroulement des processus de développement intra-utérins. Il en est de même pour vos qualités premières de « récepteur ». Un peu comme un poste radio FM/AM, lequel, selon la qualité de ses composants et la finesse de ses réglages, se cale avec plus ou moins de précision sur les fréquences exactes de chaque station. Bien que de nombreux exercices mentalistes vous permettent d'affiner ces sens et de démultiplier vos capacités, vous allez toujours évoluer à partir de votre base innée.

• **L'acquis inconscient.** Selon votre éducation, et vos expériences durant l'enfance, votre entourage a plus ou moins contribué à développer, ou au contraire à détruire, cette sensibilité en l'encourageant ou en la réprimant. À votre tour de ne surtout pas censurer les enfants dans la perception différente et élargie qu'ils ont de leur milieu et de l'univers. La conservation et le développement de ces capacités extra-sensorielles et extradimensionnelles manifestées par les enfants jusqu'à 7-8 ans sont les plus puissants atouts pour l'avenir que des parents peuvent transmettre à leur progéniture. Souvent, on aperçoit d'abord ces flux du coin de l'œil sous forme d'ombres, de mouvements, de couleurs… et dès que l'on tourne la tête pour mieux les observer, ils disparaissent. Notre cerveau traite différemment les informations visuelles provenant de la vision fovéale – celle qui focalise notre attention – et celles de la vision périphérique. Les stimuli venant de la première sont puissamment traités par nos filtres internes – croyances, contexte et but de l'observation – et seuls ceux qui sont signifiants et en accord avec ce que nous croyons passeront jusqu'aux parties conscientes de notre cerveau. À l'opposé, le rôle de la vision périphérique est beaucoup plus axé sur la vigilance, et plus ouvert aux multiples possibilités émergeant d'un contexte, hostile ou pas. Ce type de vision est donc un outil d'observation bien plus performant pour tout ce qui « dépasse nos croyances ».

• **L'acquis volontaire.** Selon votre position actuelle – à l'écoute de ces phénomènes simples et naturels ou au contraire dans le déni, vous allez favoriser ou pas vos qualités de percipient. « Il n'est pire aveugle que celui qui ne veut pas voir… » À vous, par vos recherches, le travail avec un mentaliste et vos études, de rouvrir vos canaux perceptifs.

Quoi qu'il en soit, l'existence des flux rémanents n'est pas tributaire de vos perceptions. Le fait de ne rien percevoir ne signifie pas qu'il n'y en a pas autour de vous, loin de là. Cela vous indique seulement que, pour l'instant, vous ne les percevez pas ! À vous de modifier les contextes, d'actualiser vos connaissances, d'affiner vos capacités perceptives et de vous ouvrir aux différents champs du possible.

EVP : à la rencontre des flux rémanents

Le sigle EVP signifie *electro voice phenomena*. Lorsque certains flux se manifestent de façon auditive – en parlant ou en émettant divers sons –, ces bruits ne sont pas perçus par notre oreille, mais ils imprègnent parfois la bande d'une cassette audio. En réécoutant l'enregistrement, la manifestation apparaît. Voici comment vous allez réaliser vous-même l'expérience et enregistrer vos premiers flux.

De nombreux spécialistes pensent que ces flux n'apparaissent sur des photos, des bandes, des écrans que s'ils le désirent réellement. Il semblerait que ce ne sont pas nos appareils qui capturent une image du flux, mais plutôt le flux lui-même qui, volontairement, crée *a posteriori* une empreinte de lui-même sur le support qui lui est proposé, un peu comme s'il se dessinait afin de communiquer.

Malgré sa peur de l'inconnu, l'homme a toujours cherché à communiquer avec ces flux et depuis plusieurs siècles se perpétuent des traditions telles que les tables tournantes et les planchettes ouija. Le ouija, dont le nom se compose du « oui » français et du « ja » allemand, est une planchette en forme de triangle ou de cœur. Tenue par le médium, la planchette se dirige durant la séance vers des lettres de l'alphabet, positionnées par exemple en arc de cercle devant elle, afin de former des mots et des réponses. Le verre retourné sur la table en est une variante improvisée. La plupart des réponses viennent des mouvements involontaires et inconscients de celui qui tient la planchette. Dans ce cas, les réponses qu'il peut ignorer consciemment sont souvent le fruit d'une communication extrasensorielle.

La rencontre des flux rémanents et les pratiques spirites authentiques sont deux démarches assez opposées. D'un côté, on assiste en témoin plus ou moins participant à la manifestation dans notre plan d'existence de flux ; dans l'autre, on va chercher dans ses propres plans diverses formes et charges énergétiques. Sans vraiment savoir ce qu'on va rencontrer ! Il apparaît que les véritables contacts spirites établis peuvent être dangereux car on ne sait pas quel genre de flux est « en ligne » ! Si les flux rémanents ont toujours une origine humaine ou animale, ce ne sont pas les seuls flux capables de communiquer. Et loin s'en faut ! Beaucoup d'autres peuvent être plus néfastes. Consultez à ce sujet des ouvrages sur la démonologie, le spiritisme et la nécromancie. Évitez les pratiques spirites sans encadrement approprié. C'est potentiellement dangereux, peu concluant et inintéressant. Pour établir des contacts, reportez-vous au paragraphe « EVP : enregistrez les flux rémanents ».

Rappelez-vous que les flux rémanents sont, à l'origine, des êtres humains comme nous, ou des animaux. Ils ont simplement acquis une autre forme et d'autres règles de « vie ». Et ni les principes de la physique newtonienne, ni ceux de la linéarité du temps ne s'appliquent ici. Souvent, ce qu'il se passe à la fin de votre expérience aura des répercussions sur ce qu'il s'est passé au début ! Apprenez à les découvrir, à les comprendre, à leur parler, vous n'avez aucune raison de les craindre. Présents souvent depuis longtemps, ils le resteront alors que nous ne serons nous-mêmes plus que des flux à notre tour. Ils sont peut-être la preuve d'une « forme » d'immortalité. Oubliez maintenant vos anciens préjugés. Réalisez que l'œil ne voit que ce qu'il est prêt à voir. Ouvrez votre esprit et peut-être allez-vous découvrir ces autres mondes.

EVP : enregistrez les flux rémanents

Quoi de plus naturel, après avoir découvert les flux rémanents sous ce nouveau jour, que de vouloir en savoir plus. Si les photographier demande technique et matériel particuliers, vous pouvez néanmoins enregistrer leur voix aisément. C'est ce que l'on appelle l'EVP. Même si nous sommes entourés par ces flux, certaines périodes et lieux sont plus favorables à leur manifestation :

Toutes les périodes à fort rayonnement électromagnétique comme les pleines lunes, éventuellement les nouvelles lunes, les tempêtes, les orages, les éruptions solaires... Les lieux les plus favorables sont ceux de meurtres, de crimes avec violence, les cimetières y compris les anciens cimetières abandonnés, les lieux de batailles historiques, les églises, les lieux d'accidents, les vieilles maisons, les hôpitaux... La meilleure heure semble être 3 heures du matin. Les flux se regroupent souvent. Quand il y en a un, il y en a plusieurs. Ces conditions optimales ne sont pas forcément toutes indispensables. Vous réussirez sûrement d'excellents enregistrements sans avoir besoin de partir en expédition au cimetière le plus proche à 3 heures du matin un vendredi 13 sous l'orage.

Déroulement de l'enregistrement

Il est recommandé d'effectuer l'expérience à deux.
- **Phase 1.** Installez-vous chez vous.
- **Phase 2.** Placez une cassette audio de 90 minutes vierge dans votre Dictaphone ou votre magnétophone. Choisissez la plus haute sensibilité pour le micro et la plus grande vitesse d'enregistrement si votre appareil dispose de ces fonctionnalités.
- **Phase 3.** Appuyez sur « enregistrement » après avoir posé l'appareil sur la table à environ 1 mètre de vous.
- **Phase 4.** Puis parlez tranquillement avec votre partenaire : de coaching mental, de flux, de plans d'existence ou de subnormalité. Peut-être apprécient-ils les derniers potins les concernant ? Avant tout, la nature de vos discussions détermine vos propres niveaux de charge, qui à leur tour peuvent conditionner la présence de flux tout autour de vous.

• **Phase 5.** Restez décontracté, il y a peu de chances que vous assistiez à une manifestation physique directe. Il ne se passera rien de perceptible dans l'immédiat.

• **Phase 6.** Rembobinez et écoutez la cassette au volume maximal. Écoutez attentivement, essayez toutes les vitesses de défilement possibles, jouez avec les graves et les aigus, écoutez surtout entre vos phrases, pendant les pauses et les silences. Peut-être entendrez-vous des voix, des bruits, des mots… en plus de votre conversation. Vous recherchez tout événement sonore qui n'a pas eu lieu ou a échappé à votre perception pendant votre conversation, mais qui est enregistré sur la bande. Soyez attentif et patient, c'est très court et rare, leur volume est souvent faible. Rappelez-vous que les flux rémanents ont du mal à produire des événements directement perceptibles par nos sens, mais qu'ils peuvent laisser leur empreinte en créant une impression sur une bande audio, photo ou vidéo.

• **Phase 7.** Partagez vos expériences et réussites sur le forum[33] gratuit des formations au mentalisme.

Si vous ne percevez rien de particulier après plusieurs écoutes, recommencez un autre jour avec de nouvelles cassettes. Il est assez rare de réussir ce genre de contact dès la première tentative : persévérez. Conservez toujours vos cassettes enregistrées avec la date, le lieu et les conditions d'enregistrement. Pour toute nouvelle séance, utilisez des cassettes neuves. Si la cassette comporte des événements sonores – mots, bruits, musique, voix… – que vous n'avez pas perçus pendant la conversation, alors peut-être êtes-vous en train d'entendre des flux rémanents.

[33] Voir « Ressources », p. 159.

CONCLUSION

Chaque jour, les progrès technologiques en neuroconsciences et les avancées scientifiques repoussent les barrières de nos certitudes. Ce que nous pensions impossible il y a dix ans est parfois devenu une évidence presque primitive, apportant à chaque réponse une multitude de nouvelles questions. J'aime à comparer le savoir à un long couloir tapissé de portes : nos questions. Chaque réponse à une interrogation renvoie à ouvrir une porte, donnant accès à un nouveau couloir… et à de nouvelles portes encore closes toujours plus nombreuses, perpétuant l'expansion sans fin du labyrinthe de la connaissance. Ainsi, pour reprendre la citation de l'un des pères du mouvement de la Pensée Nouvelle[34], Victor Segno, « l'univers entier n'est qu'une représentation subjective et mentale ». Les limites de ce que nous comprenons sont loin d'être les limites de ce qu'il y a à comprendre.

Les études prospectives sont unanimes : dans une vingtaine d'années, l'utilisation massive des techniques d'optimalisation mentale, telles qu'enseignées en mentalisme par exemple, sera considérée comme indispensable, évidente et probablement enseignée dans les écoles dès le plus jeune âge. Certains laboratoires avant-gardistes étudient déjà avec beaucoup de succès les effets neurologiques et physiologiques des pratiques de méditation, de transes chamaniques, des états de conscience étendue, de l'hypnose, des états de conscience modifiée, des mouvements d'activation des centres reptiliens, et de l'ensemble des pratiques liées aux subnormalités.

Certes, les résultats de ces études déjà fort avancées seront prioritairement exploités par les lobbies pour élaborer de nouvelles techniques de vente et de conditionnement, tel le neuromarketing, ainsi que par les militaires et les services de renseignements. Mais l'accélération logarithmique des connaissances et de leur propagation pourrait permettre une évolution majeure

[34] Ou « École de la Pensée Nouvelle ».

de l'humanité si l'actuelle prise de conscience naissante perdure et s'amplifie. Dans ce système social en pleine transmutation, la nouvelle donne sera favorable à ceux qui vont dès à présent savoir prendre en main leur vie au lieu de la subir avec résignation, en courbant l'échine sous le poids d'un système orienté vers les profits matériels à très court terme. Les années à venir seront décisives pour la planète et pour sa population. Comme l'a écrit l'auteur François Cavana : « La liberté consiste à faire tout ce que permet la longueur de la chaîne. » Jour après jour, de précieux maillons nous sont soustraits par les différents « pouvoirs » qui régissent nos vies dans l'ombre, en nous imposant entre autres le désir de consommer et de posséder des choses totalement inutiles et futiles afin de mieux nous enchaîner et nous contraindre à rester une bonne manne financière. À mon sens, seuls une massive prise de conscience et un authentique réveil de nos métacapacités latentes permettront de nous unir et de nous libérer relativement de ces jougs. À ce titre, pour optimiser votre présent et préparer votre futur, les techniques mentalistes sont idéales, pour ne pas dire indispensables.

Y a-t-il en chacun un mentaliste qui s'ignore ? Depuis des années, au fil des formations et des consultations offertes dans le monde entier, j'ai acquis la profonde certitude qu'un génie sommeille en chaque être humain. Génie qu'il faut libérer de ses carcans, entre autres la mainmise des lobbies alimentaires, énergétiques, financiers et pharmaceutiques, la culture de la médiocrité et de la facilité, l'égocentrisme chronique, l'asservissement des masses, le formatage intellectuel, la religion (à différencier du mysticisme ou de la foi sincère), l'obsession du profit matériel à court terme, la résignation à subir sa propre vie, la déresponsabilisation chronique et entretenue face à son devenir. Creuset du développement personnel, le mentalisme, fort de sa maîtrise de pratiques ancestrales (méditation, extrasensorialité, chamanisme…), éclairées par les techniques scientifiques les plus actuelles (*neuro-imaging*, bio- et neuro-feedback, neurocommunication…), apporte la réponse à cette nécessité croissante de progression et d'évolution dont chaque être humain porte en lui les germes. Oui, chaque être humain possède en lui le potentiel pour libérer ces capacités mentalistes endormies, et sculpter la vie qu'il a envie de vivre. Ainsi, pour paraphraser le peintre Magritte, récemment suivi par l'artiste d'art contemporain Ben : « Ceci n'est pas un ouvrage », mais une graine. Une graine qui ne demande qu'à germer et à vous accompagner dans votre évolution pour radicalement changer votre vie. Tout simplement !

Annexes

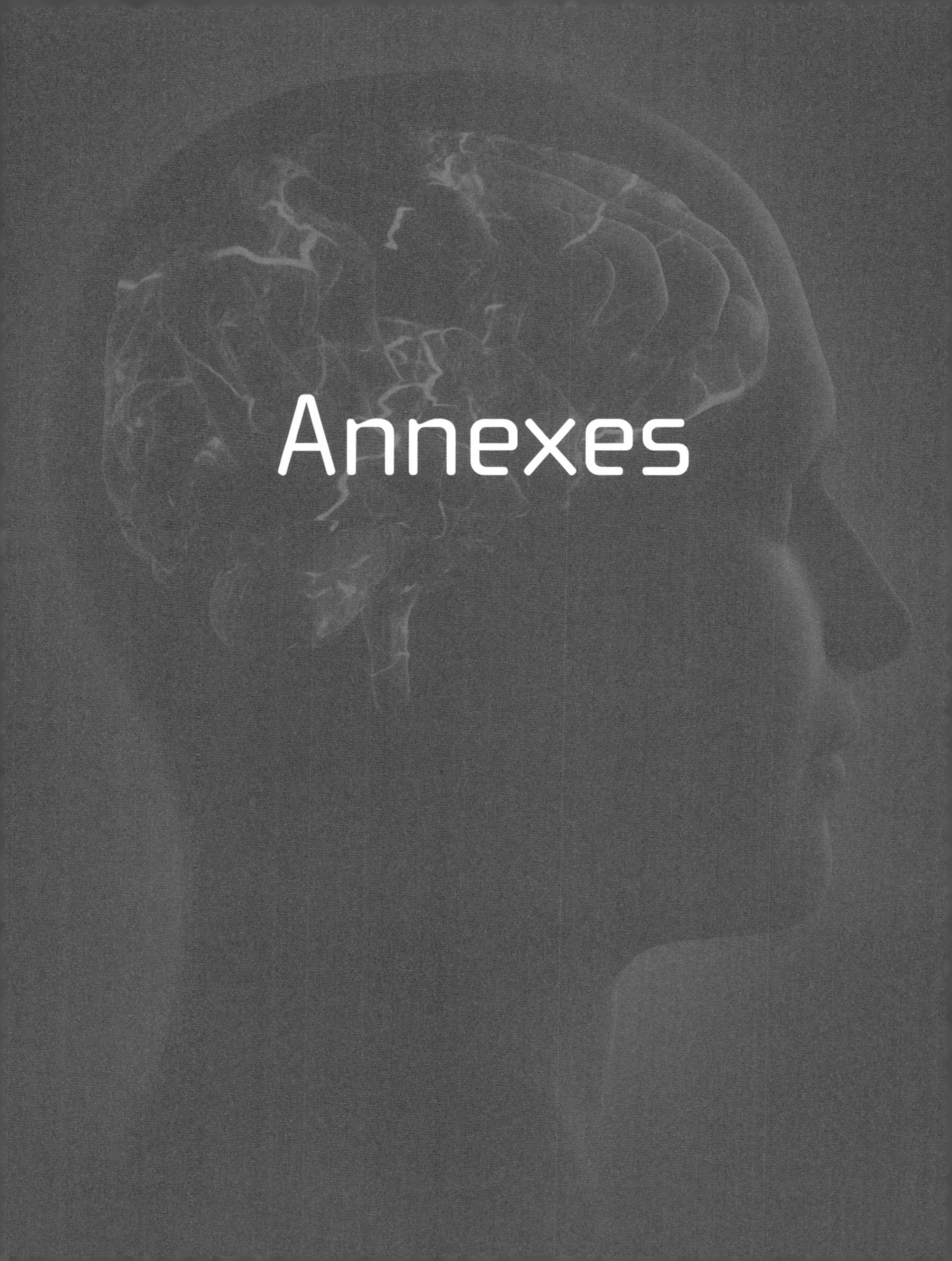

GLOSSAIRE

Archéocortex ou cerveau **reptilien** ou **archencéphale** : cerveau régissant nos comportements moteurs, nos fonctions vitales et nos instincts. Selon le modèle dit « triunique » formulé par le professeur MacLean, il se compose du tronc cérébral, du cervelet, de ganglions, et de certaines fibres nerveuses. Il est apparu il y a environ 450 millions d'années.

Coaching mental : accompagnement et suivi de l'évolution d'une personne ou d'un groupe, de façon limitée dans le temps, en utilisant les techniques issues du mentalisme.

Cercle de transformation et de révélation : pratiques issues du chamanisme et des techniques ancestrales de transes, consistant en des séances d'exploration de son propre continuum conscience mais en l'absence stricte de drogues ou de psychotropes. En état de conscience étendue, les participants augmentent leurs perceptions au-delà des limites des 3D communément perçues (décrites pages 138-141) pour rentrer en contact entre autres avec des flux rémanents.

Écologique (objectif) : s'utilise en psychologie comportementale lorsqu'en accord avec les valeurs et l'éthique d'une personne. Le terme évite les écueils du jugement et des notions de bien et de mal en coaching.

Engramme : voir « trace mnésique ».

Engrammer : créer ou renforcer l'engramme d'un événement.

Épisodique (mémoire) : stocke les événements liés à un contexte précis dans le temps et l'espace.

Essenciel et essencialité : principe définissant l'individu au-delà des ses actes, ses croyances et ses dires. Comparable au concept de l'âme mais dépouillé de religiosité.

Extrasensorielle (perception) : informations acquises en dehors de nos cinq sens communs (vue, ouïe, toucher, goût, odorat), de la statistique, de la déduction et du hasard. Les deux principales perceptions extrasensorielles sont : le trio clairvoyance/précognition/postcognition et le trio télépsychie/télépathie/télésthésie.

Faux souvenirs ou **souvenirs induits :** inductions souvent involontaires de faux souvenirs, ou altération de souvenirs réels chez une personne dans le cadre de séances à visées psychothérapeutiques.

Fluide : état de la matière entre gazeux et liquide caractéristique des manifestations matérialisées. Considéré comme un milieu continu, c'est un état sans forme définie.

Hyperréalité ou **espaces n-réalités :** plans d'existence échappant totalement à notre perception (en 3D + t) de la réalité à l'aide de nos cinq sens. Ces dimensions, sont comme les multiples pages qui composent un livre mais qui seraient toutes imbriquées les unes dans les autres et dans tous les sens...

Hypersensorielle (perception) : utilisant les cinq sens avec une précision et une acuité (quantitative et qualitative) qui dépasse ce qui est considéré comme normal.

Infraluminique : dont la vitesse est inférieure à la vitesse de la lumière (300 000 km/s).

***Mental training* :** ensemble de modules d'optimalisation des potentiels et capacités mentales créé par Pascal de Clermont.

Mentalisme : discipline consistant en l'étude, le développement et l'optimalisation des capacités mentales de l'être humain selon quatre axes : cognitif, hypersensoriel, extrasensoriel et psychophysiologique.

Mentaliste : personne pratiquant et enseignant le mentalisme de façon professionnelle.

Paléocortex ou **cerveau limbique** ou **palé-encéphale :** cerveau régissant l'expérience psychologique de nos émotions. Selon le modèle dit « triunique » formulé par le professeur MacLean, il se compose de l'hippocampe, de l'hypothalamus, et de l'amydale. Il est apparu il y a environ 65 millions d'années.

P2C : acronyme du mentaliste Pascal de Clermont.

PDC : acronyme pour Prise De Concience utilisé dans les ouvrages de P. de Clermont.

PES : acronyme de Perception Extrasensorielle.

Procédurale (mémoire) : enregistre les séquences motrices. C'est la mémoire des compétences (motrices, verbales ou cognitives).

Psychomodeling : techniques mentales et psychophysiologiques de stimulation des processus de réjuvénation, de ralentissement du vieillissement et de remodelage du corps mises au point par Pascal de Clermont.

Rhinencéphale : ensemble constitué de l'archéocortex et du paléocortex.

Sémantique (mémoire) : enregistre tout ce qui touche à votre connaissance du monde et de vous-même, ainsi que le sens de tout ce qui vous entoure. Elle ne garde pas trace du percept initial brut, mais mémorise le sens et l'interprétation que vous en faites. Elle ne conserve pas non plus trace du contexte ou du lieu dans lequel l'information a été mémorisée. C'est le rôle de la mémoire épisodique.

Sono-support : plage sonore non mélodique, harmonique et non aléatoire dont l'émission – par des haut-parleurs ou par un casque – induit automatiquement des changements d'états cérébraux immédiats et incontrôlables par l'auditeur.

Submodalités (de l'expérience) : les diverses caractéristiques d'une expérience sensorielle.

Supralumique : dont la vitesse est supérieure à la vitesse de la lumière (300 000 km/s).

Syndrome des faux souvenirs : appropriation par une personne de « souvenirs induits » (voir Faux souvenirs) souvent en rapport avec des maltraitances ou des abus sexuels dont elle aurait été la victime dans le passé.

Texture sonore : sono-support sur CD à « écouter » à bas volume, durant la journée ou la nuit, et adapté à certains exercices particuliers : méditation, PES…

Trace mnésique ou **engramme :** ce qui est conservé par la mémoire d'un événement.

Zazen : littéralement « simplement assis ». Technique de méditation issue du Zen.

TEST

QUEL EST VOTRE COACH MENTAL IDÉAL[46] ?

Cochez les cases qui correspondent à vos choix (si vous hésitez, deux cases peuvent être cochées) le plus sincèrement possible, puis reportez-vous à l'interprétation du test pour découvrir quels seront les atouts et méthodes de votre coach mental idéal.

Dans vos relations, en général, vous craignez et évitez autant que possible les refus. Quitte à passer sous silence vos désirs ou propositions.

D O Totalement.
C O Plutôt.
B O Quand même encore une petite sensibilité.
A O Pas du tout, au contraire.

On vous trouve assez fin psychologue, et vous savez en général ce que pensent vos interlocuteurs sans qu'ils aient besoin de parler.

D O Totalement.
A O Plutôt.
B O Une petite sensibilité.
C O Pas du tout, au contraire.

Vous vous sentez libre de parler de vos émotions et de partager vos ressentis.

A O Pas du tout. Vous êtes très gêné et réservé.
B O Cela vous gêne, mais c'est surmontable.
C O Vous êtes à l'aise en quelques minutes.
D O Totalement libre et bien.

Vous vous sentez à l'aise devant un auditoire ou un public.

B O Totalement.
A O Plutôt à l'aise.
C O Difficile, mais surmontable.
D O Pas du tout.

Votre confort et votre environnement sont pour vous très importants, vous y prêtez attention.

D O En permanence.
C O Assez souvent.
A O Rarement.
B O Pas du tout.

De prime abord, vous acceptez très facilement critiques et réprimandes, même si ensuite vous les trouvez injustifiées.

C O Totalement.
B O Plutôt.
D O Quand même encore une petite sensibilité.
A O Pas du tout, au contraire.

Vous êtes optimiste pour votre avenir.

A O Totalement.
B O Plutôt.
C O Quand même relativement optimiste.
D O Pas du tout, au contraire.

Vous évitez au maximum les conflits, les disputes...

C O Tout le temps.
D O Assez souvent.
B O Rarement.
A O Jamais.

L'aspect relationnel et le contact sont primordiaux pour vous. Aussi bien dans votre vie personnelle que professionnelle.

C O Totalement.
B O Plutôt.
A O Avec réserve.
D O Pas du tout.

Dans votre couple, lorsque vous pensez qu'il (ou elle) a tort, vous le montrez à votre partenaire.

A O Totalement.
D O Plutôt.
B O Avec réserve.
C O Pas du tout.

[46] Tous droits d'exploitation professionnelle et d'adaptation réservés par Pascal de Clermont.

On vous reproche souvent de vous comporter comme si « tout vous était dû ».

A O Tout le temps.
B O Assez souvent.
C O Rarement.
D O Pas du tout.

Vous êtes à l'aise face à des gens au fort caractère ou des personnalités affirmées.

A O Parfaitement à l'aise.
B O Ça va.
C O C'est supportable.
D O Vraiment mal à l'aise.

Votre impression est que la plupart des gens autour de vous ne sont pas vraiment « capables, performants, et compétents ».

A O Totalement.
B O Plutôt.
D O Avec réserve.
C O Pas du tout.

Lorsque l'on vous conseille ou que l'on vous dit ce que vous avez à faire, cela vous...

A O Agace très profondément et devient insupportable.
B O Agace vraiment.
D O Agace légèrement.
C O Est égal tant que le conseil est bon.

La conversation s'arrête et vous êtes face à un blanc, un silence. Cela vous...

C O Met très mal à l'aise.
B O Met mal à l'aise.
A O Gêne légèrement.
D O Est égal.

Dès que votre décision est prise, vous agissez...

A O Immédiatement.
B O Plutôt rapidement.
C O Avec réserve.
D O Pas du tout, c'est encore long.

Les autres peuvent penser ce qu'ils veulent de vous, cela ne vous touche pas.

A O Totalement.
D O Plutôt.
B O Quand même encore un peu.
A O Pas du tout, au contraire.

Vous avez sélectionné avec soin ceux qui vous entourent, et pensez avoir plutôt des personnes de valeur dans votre entourage proche.

C O Totalement.
B O Plutôt.
D O Ça va.
A O Pas du tout, au contraire.

Dans les conflits et les problèmes, vous êtes relativement impatient.

A O Totalement.
B O Plutôt.
C O Légèrement impatient.
D O Pas du tout, au contraire.

Vous accordez, *a priori*, votre confiance aux autres.

C O Totalement.
D O Plutôt.
B O Avec prudence.
A O Pas du tout.

INTERPRÉTATION DU TEST

Comptabilisez maintenant le nombre de A, de B, de C et de D.

A : coaching participatif .
D : coaching directif.
B : coaching maternel-amical.
C : coaching paternel.

Les phases 1 et 2 de l'explication vont déterminer les directions que doit suivre votre coach mental pour vous guider efficacement. Il devra être choisi en fonction de sa capacité à suivre ces directions et approches avec vous. La phase 3 de l'explication va vous montrer laquelle de ces deux directions (phases 1 et 2) est la principale.

PHASE 1
Comparez, à présent, le nombre de A et de D. Lequel est le plus grand (avec au moins une différence de 2) ?

– Si le nombre de A est plus grand que le nombre de D

Vous travaillerez, avec succès, accompagné par un coach mental « non directif ». Il vous posera plus de questions qu'il ne vous donnera de réponses et vous laissera vraiment faire votre chemin, en se contentant de vous suivre de près en cas de faux pas. S'appuyant sur votre confiance en vous, votre optimisme, votre franc-parler, il saura vous mener vers vos objectifs – déjà précis dans votre tête. Il saura aussi tempérer votre impatience et vos certitudes, pas toujours bâties sur des arguments objectifs. Vous apprendrez avec lui à laisser parler votre sensibilité, à mieux écouter les autres – leurs envies, leurs besoins, leurs peurs – et deviendrez plus souple, plus adaptable, au grand soulagement de votre entourage. Un coaching « orienté sur la gestion de vos plans relationnels » est aussi à envisager pour les scores extrêmes.

– Si le nombre de D est plus grand que le nombre de A

Ce qu'il vous manque aujourd'hui, c'est une locomotive capable de tirer les wagons de vos indécisions. Votre coach mental saura vous hisser vers le succès en vous montrant comment trouver cet optimisme et cette confiance en vous qui vous ont, jusque-là, manqué si cruellement. Dans le respect de vos qualités d'écoute, d'empathie, de votre sensibilité aux autres, il saura vous apprendre à vous affirmer et à surmonter votre crainte de l'échec. Déjà riche d'une bonne compréhension des autres, grâce à ces nouveaux comportements, vous saurez aussi bien persuader que convaincre et enfin faire valoir votre point de vue, trop souvent autocensuré. L'orientation « développement personnel » de vos sessions de coaching mental est à privilégier dans un premier temps plutôt que l'aspect « coaching sur la gestion de vos plans relationnels ».

PHASE 2
Comparez à présent le nombre de B et de C. Lequel est le plus grand (avec au moins une différence de 2) ?

– Si le nombre de B est plus grand que le nombre de C

Indiscutablement, vous savez emporter l'adhésion de vos proches qui se rallient souvent à votre avis. Sachant parler et communiquer, on vient régulièrement solliciter vos conseils et vos compétences recherchés par les autres mais dont vous-même doutez parfois beaucoup. Vous avez tendance à être un peu trop « commercial et joueur » et privilégiez souvent votre intérêt en oubliant d'écouter l'autre. Votre coach mental, de nature et d'approche plutôt amicale, saura transformer à votre avantage votre « pouvoir sur (les autres) » en un bienveillant « pouvoir pour (les autres) ». Vous le choisirez principalement au feeling, mais aussi à sa capacité de vous « épater », car seule une personne que vous admirez aura, de votre part, l'écoute nécessaire pour vous accompagner sans heurts dans vos changements profonds. Il saura aussi recentrer vos objectifs, que vous avez souvent tendance à oublier au profit de vos jeux de communication.

– Si le nombre de C est plus grand que le nombre de B

Votre coach mental saura allier empathie et fermeté pour vous pousser dans vos retranchements et vous aider à découvrir en vous des territoires inexploités-inexplorés. Il devra faire preuve d'une grande compétence, d'expérience et de finesse pour déjouer vos tentatives, conscientes et inconscientes, de négocier avec lui et avec vous-même – vos deux spécialités. Il saura vous montrer que vous êtes votre principal ennemi. Certes, votre capacité d'empathie, votre adaptabilité sont des atouts majeurs dans votre communication, mais votre coach mental saura vous apprendre à exercer votre autorité. Il obtiendra de vous ce que vous avez de mieux à offrir, en vous poussant à dépasser vos limites. Tantôt très souple et tantôt plus dur, il vous guidera dans l'apprentissage de vos nouveaux comportements. Il vous heurtera peut-être au début par son intransigeance sur certains points, mais rappelez-vous que c'est pour votre bien.

PHASE 3 : SES QUALITÉS PRINCIPALES

Vous venez de déterminer les deux approches et les qualités indispensables à votre coach mental. Comparez à présent votre nombre de A, de B, de C et de D. Le plus grand des quatre indique l'approche principale et représente donc les qualités les plus importantes à chercher pour trouver votre partenaire de route idéal.

RESSOURCES

Les Mental Center vous accueillent individuellement ou en groupe, 7j./7, à Paris et Montpellier pour des formations (mentalisme et coaching mental), des stages, des séances de psychomodeling, méditations, training mental, optimalisation cérébrale et des journées d'initiation. Secrétariat : mentalcenter@formation-mentaliste.com

SITES ET CONTACTS

• e-mail : contact@formation-mentalisme.com
• Facebook de Pascal de Clermont : http://www.facebook.com/pascal.de.clermont.page.officielle
• Facebook des formations certifiantes Pascal de Clermont : http://www.facebook.com/pages/Mentalisme-coaching-mental-Formations-certifiantes-Pascal-de-Clermont/220795008049513
• Facebook du programme MVVM : http://www.facebook.com/Programme.MVVM
• Portail des sites de Pascal de Clermont : www.pascaldeclermont.com
• Coaching et consultations privées : www.coach-mental.com
• Formations certifiantes au mentalisme et coaching mental : www.mentaliste.com
• Sites du programme PDC et MVVM : www.programme-pdc.com et www.mvvm-programme.com
• Sites consacrés aux autres livres de l'auteur : www.mentalisme-lelivre.com, www.mentaliste-lelivre.com et www.mvvm-lelivre.com

AUTRES SITES

• Annuaire officiel des mentalistes et mental coach certifiés : www.mentalistes.com
• Comité de recherche et investigation des phénomènes paranormaux (Cripp) : www.mentalisme.com
• Psychomodeling : www.psychomodeling.com

DU MÊME AUTEUR

• ***Harmoniance***, MMP, 2000 (éditions privées de Master Mind Productions).
• ***Mentalisme, ces pouvoirs que nous avons tous***, Carnot, 2003.
• ***Télépathica***, MMP, 2007 (éditions privées de Master Mind Productions).
• ***Mentaliste***, Éditions du Moment, 2010.
• ***Mental Coaching***, MMP, 2010 (éditions privées de Master Mind Productions).
• ***Devenez la meilleure version de vous-même***, Éditions du Moment, 2012.

TEXTURES SONORES

Disponibles, en exclusivité, sur www.formation-mentaliste.com et www.coach-mental.com. Voir aussi p.121.

Retrouvez sur le Forum les conseils, suggestions et témoignages de ceux qui bénéficient déjà des CD de textures sonores.

• Aquamind : ***Mind Waves 1***. Ambiance aquatique, pour méditations passives.
• Méditations : ***Mind Waves 2***. Pour vos méditations actives, et PES.
• Harmonia : ***Mind Waves 3***. Pour vos méditations passives, pratique du lâcher-prise et expériences de décorporation.
• Morpheus : ***Mind Waves 4***. Préparation et accompagnement du sommeil.
• Nocturnes : ***Mind Waves 5.*** Pour favoriser votre lâcher-prise, vos exercices en ondes Thêta, votre décontraction et votre endormissement.
• *KI 1 & 2*. Pour vous guider dans vos exercices de respiration « énergisante », vous apporter le rythme exact à vos exercices respiratoires et vous accompagner tout au long de votre séance régénératrice.
• ***Extra Sensory 1 & 2.*** Développement de vos capacités extrasensorielles.
• ***Vision à distance.*** Développement de vos facultés de vision à distance.
• ***Chromo-supports 1 & Flash.*** Séances complètes avec les chromo-supports.
• ***Reiki 1 & 2.*** Pour vos séances de reiki.
• ***MACR.*** Travail d'activation des centres reptiliens de l'archéocortex.
• ***Harmonisants.*** Accompagne votre pratique des 16 harmonisants.
• *THE & TEH* + (Toucher énergétique harmonisant). Pour démultiplier vos ressentis, accélérer la vitesse de votre évolution mutuelle et augmenter les effets bénéfiques permanents de ce partage intense.
• *OPH 1 & 2* (Orgasme profond harmonisé). Pour démultiplier vos ressentis, accélérer la vitesse de votre évolution et augmenter les effets bénéfiques.

Révision des textes, lecture-correction : Catherine Schram et Christine Cameau

Conception graphique : Éditédito

Illustrations : Stéphanie Rubini

Photographie de l'auteur (4e de couverture) : Jack Gautier

©2014, Hachette Livre (Hachette Pratique), Paris

Tous droits de traduction, d'adaptation et de reproduction, totale ou partielle, pour quelque usage, par quelque moyen que ce soit, réservés pour tous les pays.
Pour l'éditeur, le principe est d'utiliser des papiers composés de fibres naturelles, renouvelables, recyclables et fabriquées à partir de bois issus de forêts qui adoptent un système d'aménagement durable. En outre, l'éditeur attend de ses fournisseurs de papier qu'ils s'inscrivent dans une démarche de certification environnementale reconnue.

Pour l'éditeur, le principe est d'utiliser des papiers composés de fibres naturelles, renouvelables, recyclables et fabriqués à partir de bois issus de forêts qui adoptent un système d'aménagement durable. En outre, l'éditeur attend de ses fournisseurs de papier qu'ils s'inscrivent dans une démarche de certification environnementale reconnue.

Imprimé par Gráficas Estella, Espagne
Dépôt légal : février 2014
23-86-712
ISBN : 978-2-01-238671-6

hachette
LOISIRS
www.hachette-pratique.com

PAPIER À BASE DE FIBRES CERTIFIÉES

hachette s'engag
l'environnement en réduisa
l'empreinte carbone de ses
Celle de cet exemplaire est
1,4 kg éq. CO_2
Rendez-vous sur
www.hachette-durable.fr

ESP

PDC

ESP

PDC

ESP

PDC

ESP

PDC

ESP

PDC

ESP

PDC

ESP

PDC

ESP

PDC

ESP

PDC

ESP

PDC

ESP PDC	ESP PDC	ESP PDC
	ESP PDC	ESP PDC

ESP

PDC

ESP

PDC

ESP

PDC

ESP

PDC

ESP

PDC

ESP
PDC

ESP

PDC

ESP

PDC

ESP

PDC

ESP

PDC

ESP

PDC

ESP

PDC

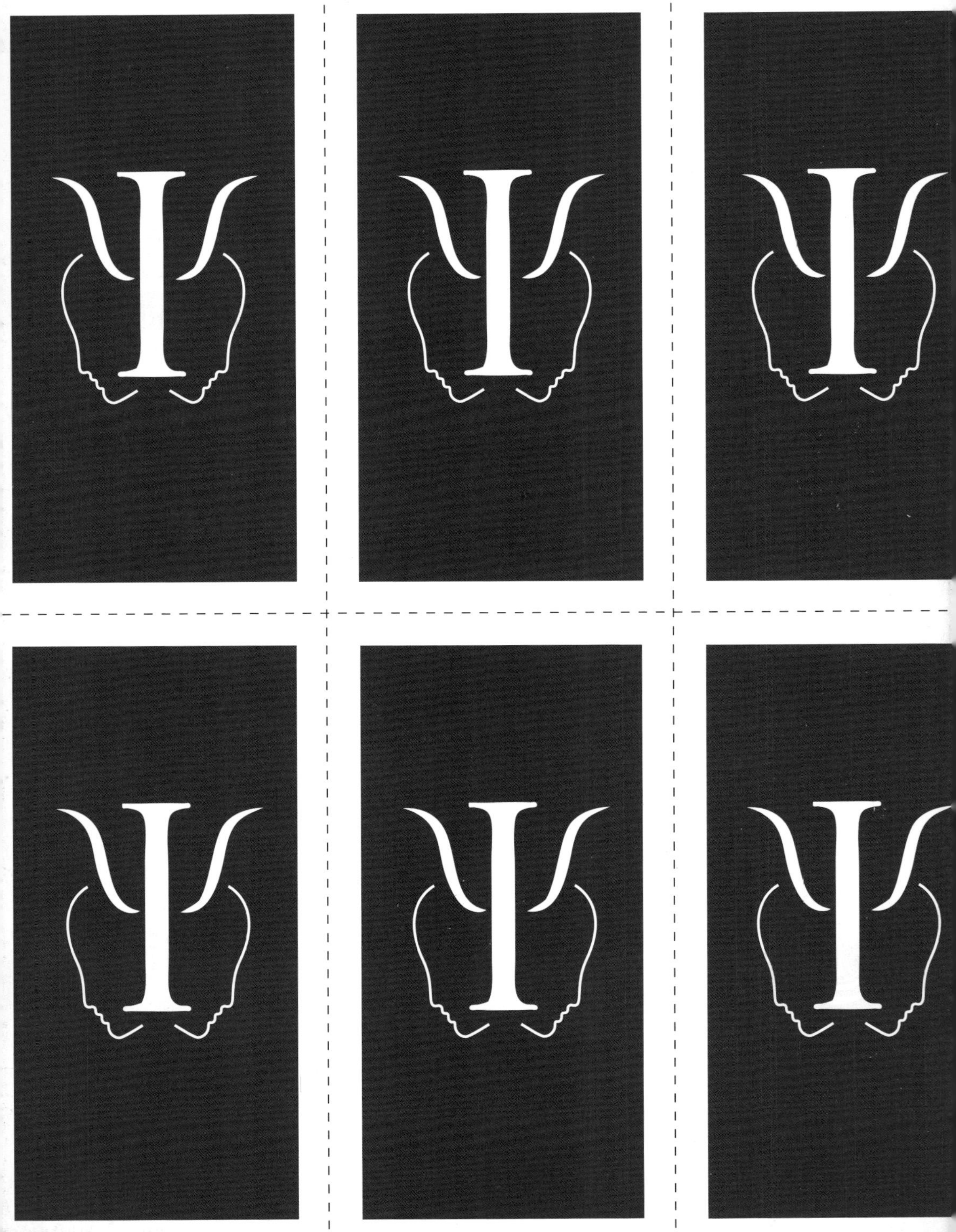

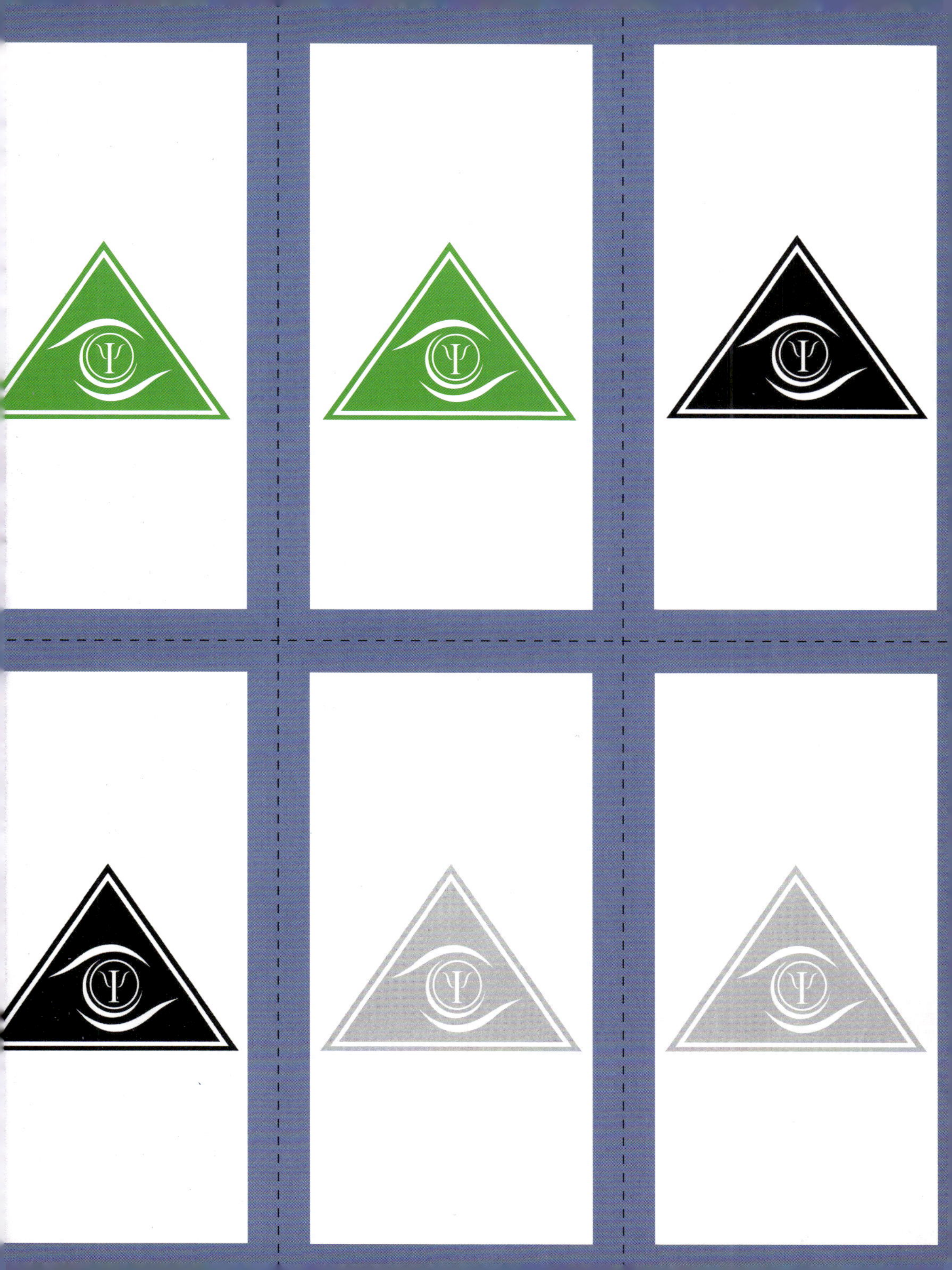

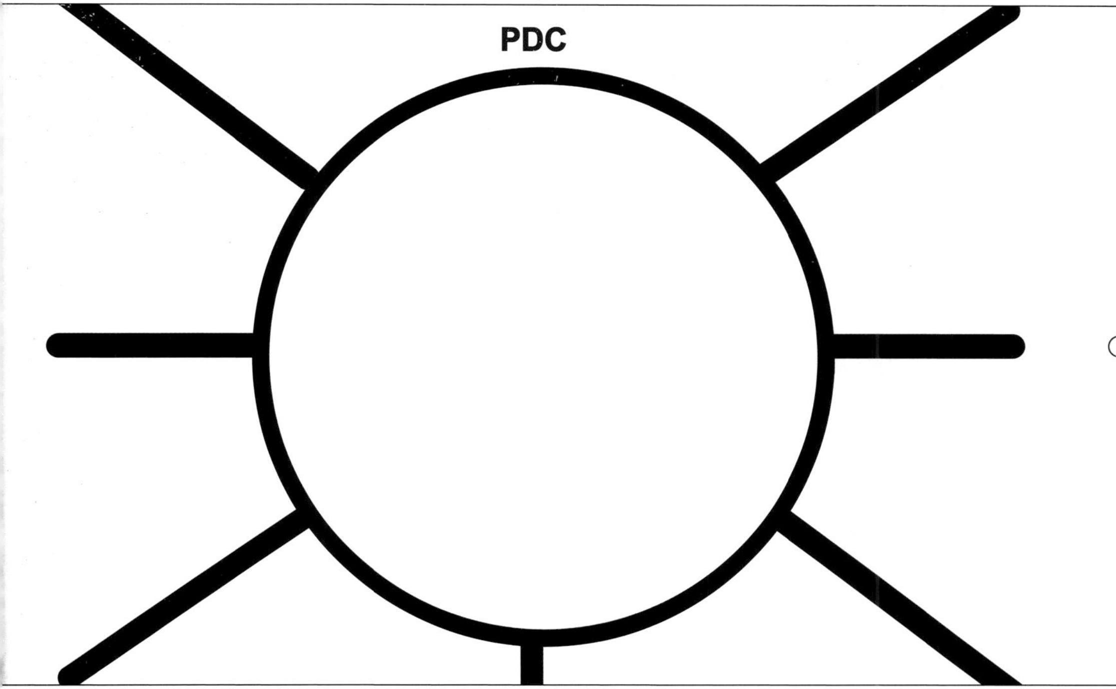
PDC

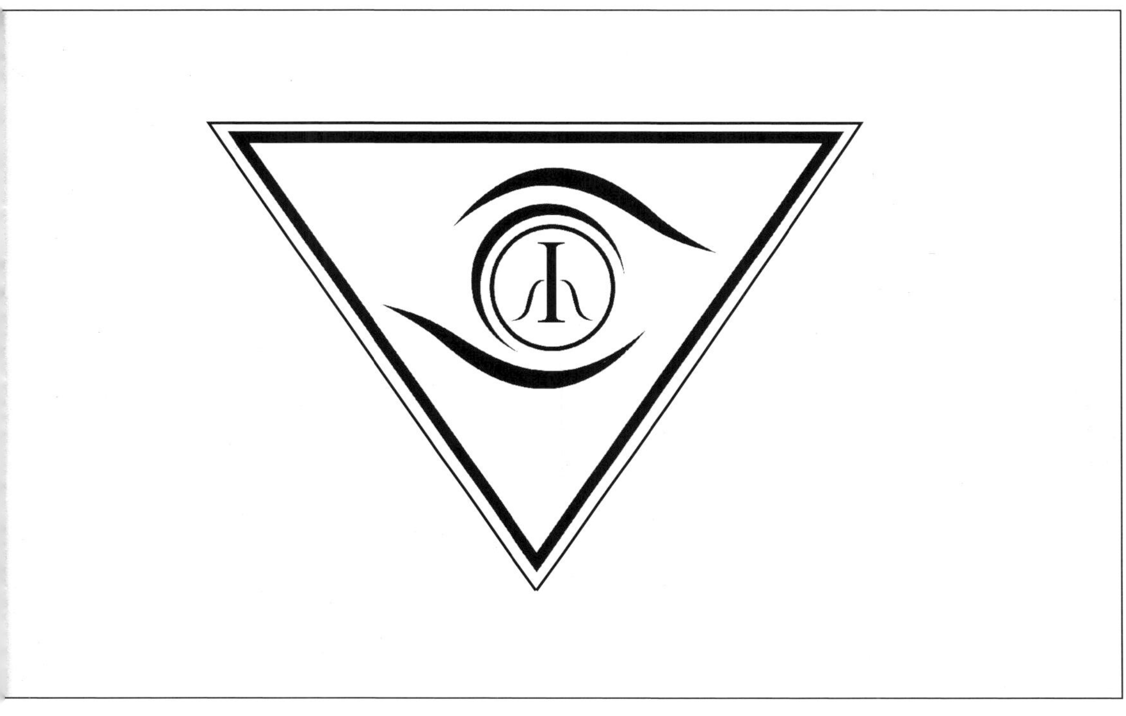

Partie à coller

Partie à coller